万有文化
岂止于书

龚文祥谈
短视频直播思维

龚文祥　罗剑锋◎著

金城出版社
GOLD WALL PRESS
中国·北京

图书在版编目(CIP)数据

龚文祥谈短视频直播思维 / 龚文祥, 罗剑锋著. —
北京：金城出版社有限公司, 2020.10
ISBN 978-7-5155-1958-6

Ⅰ. ①龚… Ⅱ. ①龚… ②罗… Ⅲ. ①网络营销－研
究 Ⅳ. ①F713.365.2

中国版本图书馆CIP数据核字(2020)第053361号

龚文祥谈短视频直播思维

作　　者　龚文祥 罗剑锋
责任编辑　王寅生
责任校对　岳　伟
开　　本　710毫米×1000毫米　1/16
印　　张　13.75
字　　数　120千字
版　　次　2020年10月第1版
印　　次　2020年10月第1次印刷
印　　刷　天津盛辉印刷有限公司
书　　号　ISBN 978-7-5155-1958-6
定　　价　99.00 元

出版发行　金城出版社有限公司　北京市朝阳区利泽东二路3号　邮编：100102
发 行 部　（010）84254364
编 辑 部　（010）64391966
总 编 室　（010）64228516
网　　址　http://www.jccb.com.cn
电子邮箱　jinchengchuban@163.com
法律顾问　北京市安理律师事务所 18911105819

策划手记

我所知道的龚文祥

1.

最早知道龚文祥，应该是在 2013 年。

当时大家正在玩微博。

那时，我还在一家报社上班，出版了《畅销书浅规则》，在出版领域算是一个知名博主；而龚文祥则是电商领域大 V。

电商？这个领域我完全不懂啊……不过好像比做出版赚钱多了。

我看龚文祥发过一条微博，他说自己因为什么原因不接什么广告，一年要少赚 100 万……而我当时一年的收入，工资 + 稿费 + 授课，也就二三十万元。

于是我就开始长期关注龚文祥。

更有“钱途”的领域，是值得关注的。

2.

2016 年 5 月，我看到龚文祥的一条微博，大意是：最近微商很火，但没有人懂微商文案怎么写。谁要是去做微商文案培训，一个人一年就能赚 100 万元。

文案？这不是我的强项吗？

我当天就写了个招生文案，说要做微商文案培训，很快招到了一批学生。不到半年时间，微商文案营的付费学员有一两万人，我的微信粉丝从 4000 人增加到了 4 万人，还出版了一本书《都是套路，微商这样做就赚钱：微商文案手册》。

微商团创始人郭俊峰说过："我每年都保存龚老师的演讲 PPT，第二年再看，他的预测都验证了。"

未来可期。这是很了不起的能力，也是巨大的商业机会。

3.

2017 年，我加入了龚文祥的社群：触电会。这是一个微商领域很知名的社群，全国 80% 以上的微商大品牌，都是它的会员。

当时我的想法是，我看了人家一条微博，一年多赚了 200 万元，那么给人家 1.5 万元会费（现在已经涨到 2 万元一年了）支持是应该的。哪怕从触电会里我什么都没得到，也无所谓。

跟龚文祥第一次见面，我做了自我介绍后，他马上就说："我的下一本书，你来出版吧。"

早在 2014 年，我已经从报社离职，创办了一家出版公司。到 2017 年，我公司也出版了几本颇有影响力的书，但我还真没遇到过第一次见面什么条件都不谈，就直接确定与我合作的人。

我很喜欢龚文祥这种做事态度：简单，相信。不怀疑，先相信你可以做好。

因为我也是这样的人。

4.

我们合作出版的第一本书是《微商思维》，这本书可以说是微商领域最有影响力的作品之一。

我请了最好的设计，用了最好的印制，还努力拓展了机场书店渠道——事实证明，这本书在机场店销量非常好。

我每次参加触电会活动，龚文祥都会提到《微商思维》，还特别强调："这本书的封面文案，'做不做微商，都要有微商思维'，是李鲆老师写的，非常好。李鲆老师出书非常专业，大家出书就找他。"

只要你能做事，能做出一点成绩，他就会不断地夸你，把你推向前台。

于是，我就跟很多触电会会友达成了合作，出版了很多微商、电商领域的图书，以至于业内人称我为"微商出书第一人"。

参加一些活动，别人介绍我时，常常会说："这是李鲆老师，微商领域的图书，都是他出版的。"

我只好赶快辟谣："哪里哪里……只能这么说，微商领域最有影响力的图书，大部分是我出版的。"

5.

第一次参加触电会线下活动，听龚文祥演讲，我都惊呆了：

普通话很烂，勉强能听懂而已；不会讲故事，不会激发情绪，就是干巴巴地讲内容；这倒罢了，口头禅"就是说"，每说一句话，能有四五个"就是说"，讲五分钟内容，估计得有两分钟是在说"就是说"……

我的天哪……

这简直是毫无演讲天分好吗？

但他依然不断组织线下聚会，每月一次城市巡讲，每年一次几千人论坛，还开直播、玩快手……而这，都是需要口才的工作。

我真是挺佩服他的。虽然毫无天分，但只要需要，就努力去做。

而且，他现在的演讲能力，确实已经提高很多了。

世上无难事，只要肯去做。

6.

龚文祥是个极度务实而勤奋的人。

他每天都要写几十条微博和朋友圈，从不间断；

每周一次触电会线下聚会，一次线上分享，从不间断；

一年十次城市巡讲，从不间断；

一年一次龚文祥个人论坛，从开始的千人论坛，到后来的三千人论坛，越做越大；

一年一本书，这本《龚文祥谈短视频直播思维》已经是他出版的第五本图书了。

我有时会反思自己：演讲、写作能力，他肯定是不如我的；包括社群运营，我做过社群，客观地说，其实也做得挺好的。

但我的问题：兴趣广泛，没有耐心，讨厌重复。我更多地满足于“知道”而非“做到”，满足于“会做”而不是“做到最好”。

务实、专注、勤奋和重复，这是我所欠缺的。

而商业逻辑恰恰是：你有一个好的项目，你就要不断重复、放大。关键环节要做成 SOP，不能走形。

这是我需要学习，需要改进的。

7.

触电会的运营逻辑非常简单，“干货 + 链接”。

先说链接。

链接很容易理解，就是促成触电会会友间的交流与合作。触电会现在已经有 1000 名会员，大家都是真金白银交了 2 万元会费入群的。用收费来过滤，就能获取一个高质量的人脉圈子。会员之间的合作就很优质、高效和快捷。

2020年春节前我参加触电会年会，就在现场谈了两个合作项目。

关于干货，我要多说两句：很多人都以为方法、技巧才是干货；但实际上，理论、方向也是干货，而且可能是更有价值的干货。

在触电会，这两种干货都不缺。除了龚文祥，触电会会员也多是各个领域的大咖，每周四晚线上分享，每月一次线下巡讲，都是干货满满。

问题是，也太满了点吧……

线下巡讲，一天时间，六个人分享，没有广告，没有成交，全是干货。这种会议，你见过吗？干货太多，记笔记都来不及，听一天课，得累个半死。

8.

有人说过：

你要想走得快，就一个人走；要想走得远，就和一群人一起走。

乍听有道理，但是细想一下：

难道我就不能走得又快又远吗？

怎么做到呢？

跟一群优秀的人一起走。跟着比自己走得快的人走。

你一定要找到这些人。

比如，加入一个高端社群；

比如，关注那些非常优秀的人。

9.

创业第七年了，我尝试做过很多事，有些还算回报不错，但主业一直是出版。

有时候我会觉得很烦：出版这活儿，是内容产业，前期很麻烦，库存又大，账期又长，客单价不高，又没有复购率……真是怎么做都很难做好。

但是一直在做，原因嘛：

首先，毕竟还是有利润的；

其次，自己确实喜欢，而且专业；

第三，能借出版认识很多各个领域的牛人，能拥有高质量的人脉圈子，向他们学习，跟他们一起走。这是非常重要的。

我的好几位作者——当然包括龚文祥，都制订了长期的出版计划，每年至少出一本。

我是个白手起家的人。家族没有人做过生意，自己初创业时也没有任何资源和人脉。一步步走到现在，很大程度上，是向我的作者学习，以及大家帮衬我的结果。

我们一起，走得更快，走得更远。

资深出版人，创读会创办人
著有《畅销书浅规则》、《多赚一倍》系列

前言

短视频直播是传统企业转型的好方式

作为自媒体行业的头部自媒体人，每年针对行业热点出版一本书是我的习惯。这本《龚文祥谈短视频直播思维》是我对近半年以来短视频直播行业观察和实践的总结。希望在短视频直播领域给大家带来有用的参考和帮助。

本书主要包括两大部分。

第一部分主要谈短视频直播风口和短视频直播思维、如何用短视频直播思维做转型；第二部分是在短视频直播领域做得比较好的我的社群触电会会员实战经验分享。

在书中，我的核心观点是：一个创新的商业形态应该以微商代理制度作为底层制度，短视频直播作为新流量来源或者直接变现的手段，社群模式作为底层动销的基础和粉丝沉淀后的后端运营，实现微商短视频直播与社群的有机结合，将在未来的 3 ～ 5 年间引领整个行业的发展。

人们常说的电商转型或者微商转型，而真正能够从传统企业转型到电商或者微商的比例只有 5% 左右。我从所观察到的情况分析，能成功让传统实体企业转型的应该是短视频直播的风口。现在很多做实体店的经营者，包括一些做传统批发生意的经营者，通过短视频直播已经成功实现了转型，并且越做越大。

在电商和微商时代，谁掌握了流量资源，谁掌握了粉丝资源，谁就能更快地抓住风口。在短视频直播时代，我们会发现，谁掌握了核心供应链，谁有货源，谁就能更好地有视频直播的素材内容，从而抓住短视频直播第一波风口。

因此，我判定短视频直播会是传统企业转型的最好方式之一。

对微商、电商或者社交电商创业者而言，短视频直播是最好的粉丝来源之一，因为现在大部分人会关注抖音、快手和腾讯直播等平台。

总之，短视频直播是继电商、微商之后的第三次商业形态变革。大家现在要做的就是找到合适的路径参与进去、投入进去，不要错过这个阶段的红利期。

最后，感谢本书的另外一名作者，我公司 CEO 罗剑锋。感谢我的同事触电报主编李玥晔，感谢提供此次实战内容的九位触电会会员。

目 录

第一章

短视频直播大风口

短视频直播大风口兴起于 2019 年。

2020 年，以“抖商”为代表的短视频直播将是最大风口之一。而作为创业者，要做的事情就是抓住这个风口，投入进去。

短视频卖货最终会代替文字卖货及图片卖货，这是趋势，你不能对抗趋势。

北京字节跳动科技有限公司旗下的今日头条、抖音和腾讯生态的快手已经成为中国移动互联网新增流量的重要来源。

我为什么重视抖音短视频？我做微博十年，赚了十年钱。而未来 5G 时代是短视频直播时代，如果我陶醉于文字辉煌的微博时代，就被时代淘汰了。

我的触电会与短视频直播

我每一本书的素材来源，除了我的创业实践和知识输出，有一半是来自我的社群触电会 1000 名会员在行业前沿最新的实战经验。这也是为什么我作为一个自媒体人，永远都能走在行业实战前沿一线的主要原因。

2016 年《传统企业如何做电商与微电商》、2017 年《微商高手运营实战》、2018 年《微商思维》、2019 年《微商思维 2：龚文祥谈新个体创业》和 2020 年《龚文祥谈短视频直播思维》，我的每一本书都反映出整个行业变化，见证着当年的创业风口，被创业者奉为实战教材与宝典。

我出版的几本书，读者对内容最多的评价就是三个字：接地气。接地气就意味着没有虚的理论，只有切合一线前沿实战实操的经验、数据和成功案例。我对这些内容的总结梳理，很多也是建立在触电会会员的实践经验上。

那么大家不禁要问，触电会到底是怎样的一种存在？

网上也流传着不少触电会会员的传说。

比如一个做供应链的大咖，一年在会内成交额 3～5 亿；一个初中没毕业的小姑娘，在会内成长两年，赚到一线城市十几套房的身家；会内做新媒体的小伙子，靠微博和公众号变现过亿等。

故事比较传奇，让人觉得有点不可思议。有 1000 名会员的触电会，是社交电商、微商和短视频直播行业顶尖牛人最集中的地方之一。

从淘宝电商到微商，微商到社群团购及短视频直播，触电会内容转型的每一步都走在了行业的风口上，这也是大家愿意每年交 2 万元会费的原因。对经营者而言，不错过风口、不踏空就是最大的价值，更何况社群里面有牛人在最新领域已经走过、实践过的路径让他跟随，这个价值是巨大的。

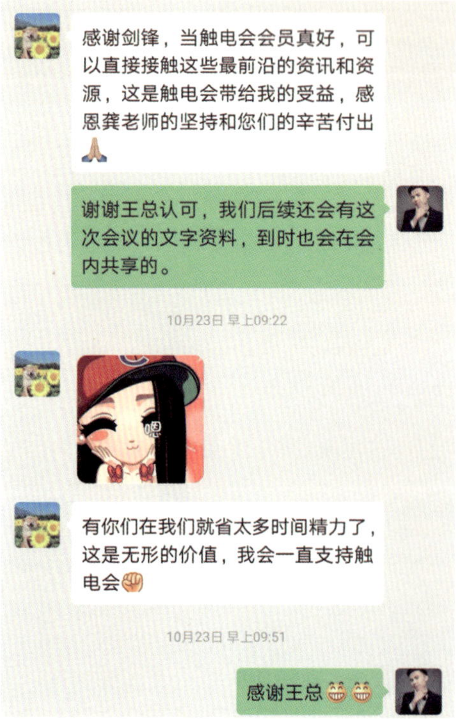

2019 年，越来越多的短视频直播牛人加入触电会，包括 2019 年抖音卖货榜第一的牛肉哥操盘手、正善食品 CEO 李荣鑫；旗下两个账号进入 2019 年抖音泛娱乐前十的舍予集团；快手美妆转化第一的别问王爹；快手美妆“618”排名第二的朱瓜瓜等头部主播。另外，腾讯直播第一批的五个官方服务方，就有三个是触电会会员。

2020年1月5日，触电会“短视频千人论坛”举办后，更有一大批快手、抖音账号粉丝过千万、佣金过千万的创业者加入触电会。触电会也成为整个行业内短视频直播牛人最多的地方。

大家在社群内部并不是单就短视频来探讨短视频，而是去实践短视频与微商、社群模式和传统企业的跨界融合。这些内容，在本书中都有充分的体现。

我的触电会社群已经创办六年，并且长盛不衰，核心在于我做好了两点。

一、精准的资源链接

精准的资源链接，关键在于社群人群的筛选。我做社群的经验告诉我，门槛是最好的筛选。每年2万元会费的门槛，筛选出来的是高端精准人群。在触电会，绝大部分是身家千万的经营者，身家过10亿的也有。80%会员是在细分领域做到顶尖水平的创业者，对行业变化极其敏感。可以这样说，触电会会员这群人是行业风口的弄潮儿。

触电会有哪些代表的牛人会员？微商前100强的70%～80%经营者、短视频直播领域的头部主播与经营者、社交电商、社群等泛微商领域的大咖等。汇聚微商、社交电商、短视频直播的头部资源，所产生的链接才能够效用最高，精准度也最高。

其中，微商TOP20品牌（10亿级部分举例）有以下会员：幽美集团幽幽、袋鼠妈妈徐小建、碧选陈萍、三里人家夫子、卡维达黑猫、安馨炮爷、黎蓓露张书璧、三草两木谢一铭、COLLY张小兔、向大大、脂老虎、凯儿得乐等。这些都是触电会 3 ~ 5 年的老会员！

会员通过触电会平台达成的百万元、千万元级别的合作。

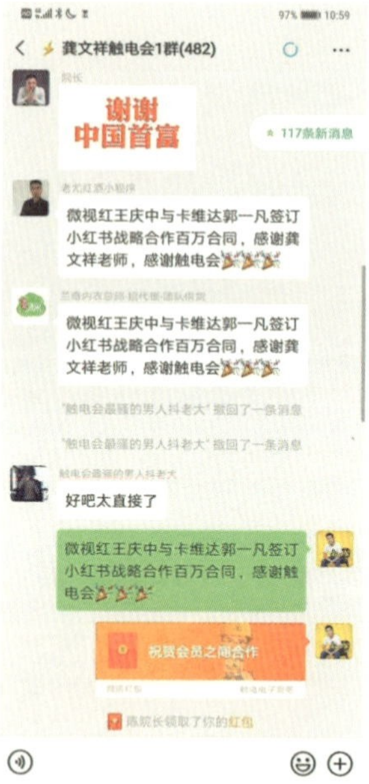

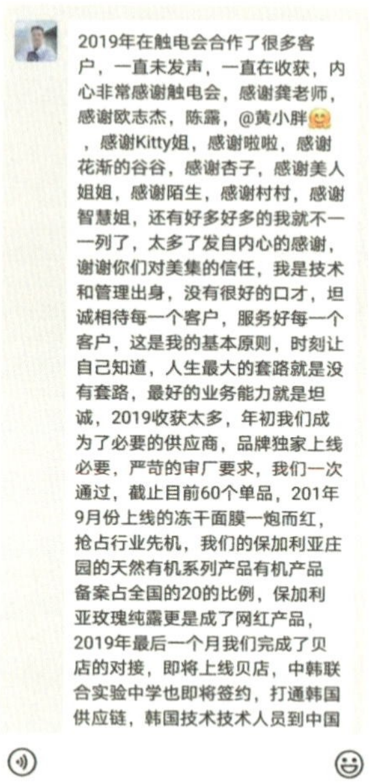

二、提供的实战核心内容

很多社群照搬触电会的模式来做，但很难做起来，核心在于没有办法像触电会那样提供核心内容，从而吸引更多牛人的加入。大家可以从我们过去六年在社群内部提供的内容中看到我们是如何踩中每个风口的。

2014 年：如何不依赖淘宝直通车钻展体系，用微博 IP 形式实现店铺销量过亿？网红店最前沿微博新媒体玩法和传统企业如何转型电商。

2015 年：淘宝电商如何转型微信直营？禾葡兰模式引领行业，超过一半会友转型微商模式与打法以及微商如何起盘？

2016 年：微商制度、朋友圈裂变、代理团队塑造等，以及微网红 IP 短视频（微博）概念。

2017 年：直播、微商与实体融合；传统企业如何转型微商？

2018 年：微商合规税务规范、抖音短视频趋势、社交电商平台制度与裂变探索、社群团购（嫲嫲团）。

2019 年：社群团购的供应链管理、微商社交电商制度探讨、快手抖音短视频与微商融合、腾讯直播与社群的融合实战。

2019 年的 10 月，触电会内部活动分享的内容：

1. 腾讯直播作为继抖音、快手之后的第三大直播风口（触电会会员第一批内测）。

2. 探讨抖音、快手短视频通过供应链变现。

3. 探讨快手短视频及直播打造 IP，以及沉淀粉丝至微信私域流量，构建社群做后端变现商业模式。

2019 年 11 ～ 12 月，触电会内部分享及探讨的内容：

1. 微商与短视频深度融合的实践（未来的前沿机会）。

2. 腾讯直播植入微商体系的分销玩法。

3. 企业微信与微商结合二次红利。

4. 短视频直播与社群微商模式的深度融合。

这些内容都是当时最前沿的行业内容。

触电会的运营模式是线上线下联动运营，一年提供不少于 80 期的线上实战内容分享，目前已经运营了 240 多期。触电会内部每期的分享内容是邀请在热点领域做得最好的会员来做实战分享，所以触电会才能把内容做得接地气、有价值。

触电会线下活动的方式，一是每年举办 40 期线下会员日互动，我亲自接待会员，一同探讨整个行业的趋势内容，面对面链接资源。

二是在全国八个重点城市举办 300 人的大课，统一输出核心内容，为当地触电会会员服务。为了方便没办法参加现场活动的会员学习，我们每一次活动会形成一个文字实录，把内容直接发给所有员会。

三是让上海、北京、广州、成都、武汉、泉州和杭州等分会会长，在当地组织聚会，共享行业资讯。

四是对有需要、带着核心经营问题的会员，我会一对一，花费 1 ～ 2 个小时详细沟通指导，帮助他们站在更高视角看待自己的项目，取得转型突破。我一般在每周二、三、四安排时间，每天服务 3 名会员。

除了触电会会员，其他人来谈合作，不管项目大小，我都不见。我只服务触电会的 1000 名会员，专注为有价值的人提供有价值的内容和服务。

我也是从触电会线上线下的活动中获取了行业一线实战观察和经验。每年的行业变化、业态发展脉络，在触电会会员不同方向的实践中得到充分体现。

比如 2019 年 3 月，业内还没有几个人知道腾讯直播，我们 200 名会员已经开始第一批内测，创下日销量100万元的记录。等到2019年年底，整个行业都开始流行腾讯直播概念时，我的那批参加内测的200多名会员，已经在摸索腾讯直播2.0 ～3.0的商业形态。领先一步，相当于领先一个时代。

从B2C转型到淘宝，从微商和微商直营、社交电商到社群团购、短视频直播，这一路走来，我们触电会会员在每一个风口都没有落下。我也借此机会感谢与我们一起同行的1000名会员。

如何联系到我本人

《龚文祥谈短视频直播思维》是我写的第五本书，也是我近一年来对于中国微商与短视频直播行业的总结与思考，希望能给各位读者带来思维上的启发以及帮助。我专门开通了一个微信号与大家一起交流，这个微信号我自己管理，每天会分享20～30条关于短视频直播行业的最前沿资讯与干货内容。

大家也可以关注我的个人公众号，获取我的微信个人号联系到我本人。凡是添加我个人微信号或者公众号的，都能领取一份价值1万元的短视频直播实战案例课程。

龚文祥个人公众号：

mrbrand888

短视频直播大风口

短视频直播的风口兴起于 2019 年。

在 2019 年 3 月，有一批创业者举办了一场民间“抖商”大会，据说参加大会的有 5000 多人，我的很多触电会会员也在现场，是 2019 年比较火爆的一次论坛，也因此掀起了创业者投入到短视频直播的热潮。

当时，虽说抖音官方也发表了声明，称这次“抖商”大会与抖音官方没有任何关系，也不支持“抖商”联盟的形式，但是丝毫不妨碍弄潮儿们的热情。

风口起来了，谁都想抓住第一波的红利期。

这也让我想起五年前微商刚兴起时，腾讯及微信官方也经常发声明，不支持微商，并且还通过各种机制进行封号，限制微商的野蛮营销与增长。但是，微商还是发展起来了。

2018 ～ 2019 年这两年间，很多自媒体人在看热闹，而官方机构，比如今日头条和抖音等平台，却在态度上排斥“抖商”。

而我反而看到了短视频的商机，我预计这种商业模式在未来的 1 ～ 3 年间必火。你现在开始做，肯定会赚到钱。越有争议，越有商机。

在 2020 年，以“抖商”为代表的短视频直播将是最大风口之一。而作为创业者，要做的事情就是抓住这个风口，投入进去。

如果未来抖音、快手等平台能看时事新闻，不会让人错过各类时政大事，我觉得我以后可能会放弃微博和微信。尽管创业 10 余年来，我是靠微博和微信起家的。

短视频直播电商领域有太多机会，风口才刚刚开始，你随便找个机会创业都可以赚到钱，基本和十年前淘宝电商起步一模一样，并且以后可能没有人会看文字及图片买东西，他们只会看视频买东西。

随便列一下，目前中国短视频直播卖货的自媒体没有出现，专注短视频直播的媒体没有出现，在短视频直播领域做微商（短视频 + 微商）获得大成功的还没有，短视频直播平台电商品牌还没有，而淘品牌都有几十万个了。

因此，对短视频直播卖货的培

训和社群以及短视频个体创业者来说，随便做点什么都可以成功，遍地都是机会。

关于赚钱趋势，大家可以相信我的判断。

从 B2C 到淘宝电商，再到微电商、微商、社群微商，我还没有踏空过一个风口。而在短视频直播时代，我也是国内较早预测并且号召大家投入的自媒体人之一，并且我是从电商、微商跨界到短视频直播成功的自媒体人，自己的抖音账号已经突破 60 万粉丝。

我的触电会一名会员评价我：十年来您对商业趋势的判断 100% 是对的，从未错过一次。每一次趋势都有先见之明，从电商到微商再到抖音，都是一波红利期。我觉得做自媒体的核心倒是变化不大，都是持续的热点内容输出 + 合适的传播介质 + 变现的方式。热点内容输出由电商转到了微商；传播介质由微博转到了微信，现在是抖音；关于变现方式，微信是变现最快、最牢固的私人流量池。比如实体书的各种渠道销售和活动大都转到微信上进行。快手直播据我所知也是个红利期。人生财富倍增的机会就几个，踩红利期的能力很重要，早年做淘宝和后来做微商的成功人士有很多。

时至今日，短视频直播的主体仍旧是草根出身的普通人，他们大多数缺乏成功

经验，能力平庸，颜值不扛打，知识面狭窄，还不善于表达。相比微信公众号和微博大V上那些“有趣的人”，短视频直播的从业者有些无聊甚至市侩。但为什么他们成功了？可以根据达尔文进化论来解释：每次大变革后存活下来的物种，不是那些最强壮的物种，也不是那些智力最高的物种，而是对变化能做出最积极反应的物种。

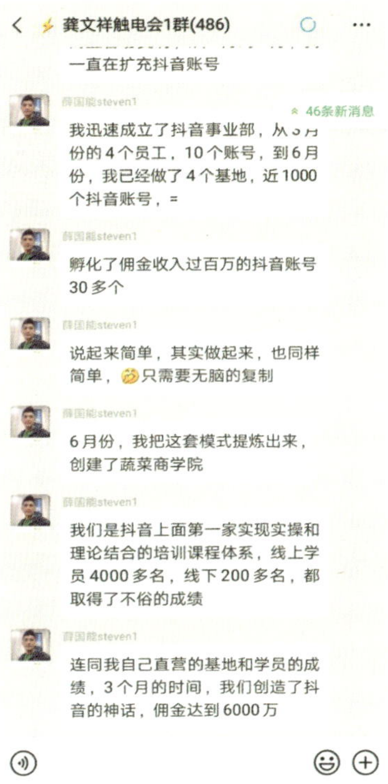

在新与旧的选择中，我建议大家选择新的，抛弃旧的。比如有国学培训和短视频培训，你的时间精力有限，你会选择哪个？选择国学培训的企业家，他的企业极有可能会比选择短视频培训的企业先倒闭。

那么多新趋势（移动互联网、社交电商、短视频直播等）你不学，你去研究5000年以前农耕时代的孔孟之道，这些与你企业目前的发展不匹配。你应该先学习新知识，然后把国学培训做为企业文化的一部分。

我习惯屏蔽过去已经发生的事，只关注最新的趋势。

我的抖音号每条播放量都过几十万次，微博每天阅读量是 30 万次左右，头条每天阅读量是 10 万次左右，公众号文章每天阅读量是 1000 次左右。我发现用户的上网习惯和注意力已经从文字开始向视频转移。因此，我们的流量工作重点也要转到短视频和直播上来。趋势是谁也阻挡不了的，我们要做的就是顺势而为。

2018 年年底，我在我的社群触电会内鼓励大家开始布局研究抖音、快手的短视频直播，比业界内其他自媒体人整整早了半年。触电会 1000 名会员中，有 100 ~ 200 名传统经营者的抖音账号已经开始运营，其中有的十分成功。

而很多没有加入触电会的传统经营者，他们没有接触到短视频，根本意识不到短视频的作用与重要性，一直到 2020 年年初才后知后觉，已经被别人领先了一大步，这就是社群的作用。

总而言之，短视频直播已经成为 2020 年的最大风口之一，所有人不要忽视这个趋势，一定要花时间与精力投入进去，抓住这一波 1 ~ 3 年的红利期。

微商、社交电商、抖音、短视频带货社群等新手段和新模式，只有落到真正相信它、对它着迷的人手里，才能开花结果。你有任何质疑就不可能成功。

每一个新模式都可能为你带来巨大的物质财富，就看你能不能真正发自内心地相信它，并积极将其转化为物质金钱。

短视频直播对传统商业秩序的重塑

2019 年 8 月，一个快手主播的婚礼，成龙、李宇春、陶喆等几十位明星前来祝贺，一场婚礼卖货过亿元。

可见，短视频直播网红的影响力已经逐渐超过影视明星的影响力。

在以前的商业秩序中，网红很难放在台面上与影视明星做比较，甚至电视台主持人的知名度都要远远大于短视频直播的网红。但是随着短视频直播趋势的到来，卖货网红的影响力已经逐渐大过影视明星。

我们也看到许多演员已经开始在抖音、快手平台上焕发出事业的第二春。因此，先不要去研究什么设计和文案，大家要开始研究短视频卖货及直播卖货的技巧。

短视频卖货最终会代替文字卖货及图片卖货，这是趋势，你不能对抗趋势。5G 时代，视频直播将成为主流，会代替掉传统电视及传统电影，网红淘汰明星是大概率事情。

喜剧演员郭冬临认认真真玩抖音，已经有600多万粉丝，他超越了其他喜剧演员，赚钱也会比其他喜剧演员多。

心态太重要，其他喜剧明星自己放不开，觉得自己是个明星，其实快被社会大众淘汰出局了。一个明星，只有将观众纳入自己的粉丝池才能体现价值。如果不积极适应时代的变化，终将被时代抛弃。

我们发现以往春晚赞助的常客，例如大酒企、大金融机构等，已经很难见到，现在赞助商以及标王基本是由移动互联网的企业垄断，传统企业逐渐被淘汰出局。2020年的春晚赞助名单，快手成为标王。春晚连续两年都有抖音、快手短视频直播平台作为主赞助商，这代表着行业的风向标。

短视频直播时代，让你的卖货能力比图文时代有了数量级的增长。

网红李佳琦与马云同时直播pk卖货，李佳琦一分钟卖1000件，马云一分钟卖10件。李佳琦的带货能力是马云的100倍，虽然马云的影响力是李佳琦的1万倍。新闻报道说李佳琪一年卖货赚到1.6亿元，在卖货这个维度上，李佳琦的赚钱能力已经超过了A股上市的50%公司。

2019年，我们从新闻报道上不时能看到曾经很牛的实体连锁店已跑不过时代变化。微商新零售成了新创业机会，不管什么产业都面临着时代的洗礼。短视频两三个小时的直播可以做到业绩过亿元，这是新商业模式对传统商业模式的颠覆与重塑。

这是对传统淘宝客分发方式的颠覆。

目前，短视频电商直播带货像极了十年前的淘宝，到处都是奇迹，这是一个新风口。

作为移动互联网时代的第一王者腾讯微信，它对抖音和今日头条、快手等平台的兴起，也非常担忧。

2019 年抖音发文称：腾讯公司近日向天津滨海新区法院提交申请，认为通过微信 /QQ 开放平台注册登录抖音的用户，其用户头像 / 昵称等数据是腾讯开展经营活动、进行商业竞争的核心资源。

滨海新区法院据此下达诉讼禁令表示：如果相关用户不尽快更新头像 / 昵称，将无法使用抖音登录多闪，抖音的其他功能和服务也将受到限制。

抖音在文中表示：建议通过微信 /QQ 注册，且头像昵称与微信 /QQ 一致的用户尽快更新头像 / 昵称。

北京字节跳动科技有限公司越来越成为腾讯忌惮的对手。以前中国互联网，阿里、百度和腾讯三座大山的格局将变成腾讯生态（包括微信、快手）、字节跳动以及阿里。字节跳动旗下的今日头条、抖音和腾讯生态的快手已经成为中国移动互联网新增流量的重要来源。

2019 年，我最大的收获就是做了今日头条和抖音，各自获得了 60

万新粉丝，并成功举办了微商与短视频主题的“818”3000人论坛。我的个人IP因为抓住了短视频直播的风口，还是在上升阶段。这大概就是我做自媒体10年一直都能够站在行业前沿的原因：顺势而为。

我为什么重视抖音短视频？我做微博十年，赚了十年钱。但未来5G时代是短视频直播时代，如果我陶醉于文字辉煌的微博时代，就被时代淘汰了。这就是我一定要花120万元费用将抖音做到100万粉丝的原因。

人生不进则退，要在传统商业格局被重塑的时候，能够及时地站在变化的最前端。

第二章

更高视角看短视频直播

对微商和移动电商的创业者来说，短视频直播不仅是一个可以关注和发力的点，更是成为未来创业的一个趋势风口。

所以，你要从更高视角去看短视频直播的风口与趋势，寻找未来传统企业转型以及微商转型过程中可行的路径。

我是自媒体出身，有一个 1000 多名会员的社群，在群内大家互相沟通了解，熟悉整个行业的前沿和一线实战内容，我能从中获取更加潮流的信息。我可以从中国零售业的角度、微商电商的角度出发，帮助大家用更高视角去看短视频直播，便于大家抓到更好的机会。

从中国零售业角度看短视频直播

大家知道，中国大多数行业，大多数创业，目的无非就是卖货。中国的零售在 2020 年卖货的渠道主要有四大分类：传统零售、电商零售、短视频直播零售和微商及社区零售。

你不管卖什么产品，都离不开以上这四个渠道。最新的新闻消息显示，阿里的董事长也就是逍遥子最新做了一个直播，他已经不再提醒你在 2018 年到 2019 年新零售已经成为整个行业最为风靡的名字了。所传达出来的消息就是新零售这个概念已经成为过去式了，现在要开始的是新商业。而短视频直播零售，在新商业里是主要部分之一。

我对未来商业发展趋势的判断是，在未来的 2 ~ 3 年中，短视频直播零售将占中国整体零售业的 5% ~ 10%，短视频直播零售将极大地冲击传统零售和电商零售。

目前，非常多的传统线下实体门店和传统品牌，电商也不做了，微商也不做了，直接转型到短视频直播零售，在抖音、快手或者腾讯直播的平台上直接卖货，效果很好。这个趋势在 2019 年的上半年已经非常明显，在未来这个趋势只会加速扩散蔓延，对传统零售、电商零售产生直接冲击。你现在很难看到有个体创业者直接参与到淘宝店、天猫店卖货，他们已经把更多注意力转移到生产抖音、快手的内容，或者在抖音、快手或腾讯直播这些短视频直播的平台上直接卖货。

从中国移动互联网格局看短视频直播

我觉得 2020 年中国移动互联网将分为两级。

一级是微信互联网，目前最新官方数据显示腾讯的日活达 11.5 亿。目前腾讯已经开始布局推进腾讯直播，腾讯直播也是未来创业风口之一，1 ~ 2 年间的创业风口。

另一级是视频互联网。以短视频直播为代表的平台，包括字节跳动和快手公司。以后大家要找流量，可以从腾讯直播、今日头条和快手这三家公司入手。其他平台的粉丝，我个人觉得没有这三个平台的活跃。

比如微博，我在微博上有 400 多万粉丝，但是这 400 多万粉丝很难再给我带来新的流量。我举办的 2020 年跨年论坛，1000 张门票没有在微博上卖出一张。

2020 年各省的跨年晚会，与湖南卫视、东方卫视和浙江卫视等五大电视平台战略合作方的只有抖音、快手和拼多多三家。没有一家传统企业能够花几千万、几个亿出来去做推广营销了。这也意味着新的商业时代的到来。

每年的春节是一个非常大的营销节点。春晚之后，作为春晚的战略赞助方，快手将从现在的日活3亿迈进到日活5亿。我个人预测到2020年底，抖音、快手的日活将超过5亿，抖音、快手会占据各大媒体平台，成为第二个、第三个类似于微信的应用平台，成为我们每一个人在生活中离不开的手机应用APP，商业进入短视频直播时代，未来属于腾讯、快手和抖音。

从中国电商格局看短视频直播

中国的电商格局在2020年将分为三大版块。第一版块是传统电商，以天猫、拼多多和京东为代表；第二版块是社交电商，以微商为代表，也包括社群微商；第三版块是短视频直播电商，以抖音卖货、快手卖货和腾讯直播卖货为代表。

有关资料显示：2019年，天猫“双十一”的成交额是2000多亿元，而在2020年1月份，快手电商的销售额已经达到了1000亿。同时，快手已经把淘宝的商品链接封杀，跟淘宝完全切断，主推自己的电商平台。因为快手给了央视春晚5亿元的赞助，不希望自己的流量被反引流到淘宝去。在未来的2～3年内，快手电商将成为阿里、京东电商强有力的竞争对手。

从目前的格局分析，现在快手电商已经是除了淘宝天猫、拼多多和京东的中国的第四大电商，已经超过了苏宁易购、唯品会等传统时代的电商平台。这就是电商的最新趋势，很多人看不到这个趋势，或者不信任这个趋势，然后就会慢慢被这个时代淘汰。

大家可以去百度一下李彦宏10年前的一些演讲，可以看到他在演讲中有提到他不相信大家会用手机来上网，这真的是他当时的原话。后来等他相信的时候，腾讯已经全部转型移动互联网，而百度慢了一步。所以，大家一定要相信商业趋势。

我预测，快手、抖音电商不超过三年，会跟阿里、京东平起平坐。大家在2022年的时候可以看中国的电商格局是不是跟我所预测的一样，短视频直播电商已经跟阿里、京东平起平坐。

▷ 从粉丝来源看短视频直播

流量和粉丝是我们商业模式的核心基础。现在要去吸引粉丝、沉淀粉丝，有三个主流的渠道，分别是短视频直播粉丝、微信粉丝和信息流粉丝。

短视频直播粉丝的来源是抖音、快手等短视频直播平台；微信粉丝的来源是微信公众号、微博以及线下流量沉淀至私人微信号；信息流粉丝就是通过今日头条、百度等所谓的信息流渠道广告沉淀下来的粉丝。除了这三个主流渠道之外，其他渠道粉丝比较少，不用太过关注。

从更高视角看短视频直播，非常务实。短视频直播不仅是新的粉丝来源、新的渠道和新的零售模式形态，更是新的商业模式和新的风口。做好短视频直播商业形态还需要新的思维，这就是短视频直播思维。

第三章

短视频直播八大思维

短视频直播不仅仅是新的粉丝来源、新的渠道和新的零售，更是一种新的商业模式和一个新的创业风口。

要做好这个新的商业模式，我们需要有新的思维，就是短视频直播思维。如果你有了新的思维方式，做事就会事半功倍，反之则事倍功半。

我们这些自媒体人、理论家和一些社群群主等，总结了一些关于短视频直播的新的思维方式，帮助大家用新的思维方式去应对新形势的变化。

我在 2018 年提出的微商思维，已经得到大家的认同，其核心思想是有了以人为中心的微商思维，做微商就很容易成功，否则很难成功。同样，如果你有了新的短视频直播思维，你做抖音、快手就很容易成功，否则很难成功。

从图文思维到视频思维

如果你要做抖音或者快手账号，就需要把自己的思维模式从过去二三十年间用图文表达的模式中抽离出来，提升到视频思维的模式。

比如你是卖刀的，图文思维来表达这个刀好用，是用广告或者详情页去呈现刀的涂层工艺、不易生锈等卖点。但是不管广告如何精美，详情页如何面面俱到，别人很难直观地感受到这把刀的好。有时还会觉得你的图片过分修饰而不真实。如果我们在抖音、快手上拍一段刀切东西的视频，说这个刀切东西很快，大家就能够直观地感受到刀的好。

所以，视频方式的表达效果是图文方式表达效果的 10 ~ 100 倍。你要学会用短视频或者直播的方式来展现你的商品。

我自己也是这样做的。我创业十年，微博是靠写文字、写朋友圈发展起来的。我十年一共写了 10 万条博文，平均每天 30 余条，都是图文形式。我现在也在转变思维，为什么一定要用文字形式来表达自己的观点和经验，而不能用视频的方式来表达？这就是我从图文思维进步到视频思维的过程。

图文思维是静态的，视频思维是动态的

文字与图片只能静态地去展示你的产品，我们要从静态的图文思维转变到动态的视频思维，把我们需要呈现的东西动态化地展现出来，而不是简单地把它通过文字来描述出来，或者是通过照片把它表达出来。

视频思维的动态化表现方式让我们的产品、让我们所需要呈现的东西能够更加直观地让用户感受到。

比如一个咸鸭蛋，你说再香再好吃，在朋友圈用的动图和图片表现得再好，都不如一段视频，直接用筷子捣开，让人就看到咸鸭蛋的这个油就那样流出来。声、色、图和动全部结合在一起，瞬间你就有了购买的欲望。

图文思维到视频思维，是单向沟通到双向沟通的转变

在图文时代，用户只能单向去接收图文的表达。在短视频直播时代，包含了互动用户的反馈，能够及时获得直播主播的反馈，双方有互动交流。这一点是图文时代不能做到的。

因此，用视频思维做短视频直播，要把互动因素考虑进去，通过更好的互动让你的产品获得更好的展示。如果在短视频直播中，你还是用图文思维，一味地单向展示你的产品，不考虑用户的反馈，那么你的短视频和直播很难做好。

在视频思维中要考虑到场景的不同。不同的场景对于你的表达会产生不一样的效果，也是在图文表达中难以实现的。

如果在图文时代，我们说一个观点或者表达一个内容，只能通过文字或者图片去展示。比如我要表达一个对华为热点的看法，只能用文字来说明自己的观点。而在短视频或者直播时代，你可以直接在任何时间任何地点说出自己的观点。你可以在办公室说也可以在户外说，你可以在香港说也可以在深圳说，你可以在客厅说也可以在饭桌上说。

因此，我们在做短视频或直播的过程中，要考虑不同的场景会给用户带来不同的效果这一点，让我们更好地去展现自己需要表达的内容。

视频思维比图文思维具备了更高维度的真实性

在图文时代，文字的描述比较主观，难以全方位地去展示一件事的多个方面。而短视频与直播相对于图文而言具备了更高维度的真实性。

我们在社交媒体平台上会看到许多的热点事件是短视频记录下来的，而不是图文所表达出来的。从这一点分析，同一个事件，如果要变成热点，用视频思维要比图文思维的效果高很多倍。

因此，对于同一件事情，我们尽量用视频来表现，而不是用图文来表现。

图文对产品的表达更多侧重于卖点的文案提炼，短视频、直播对产品的表达更多侧重于产品在需求场景中的真实应用呈现，附带主播真人对产品介绍的引导，相对于单纯的图文具备更高的转化率。

看到一件有趣的事，大家尽量用视频思维来呈现，千万不要本能地去通过文字表现，养成用视频去表达的习惯。

▷ 从订阅思维到算法思维

我们知道公众号和微博是订阅思维，核心是我成为你的粉丝，订阅了你的账号，你在平台发布信息我可以看到，这个订阅式的规则也引导了粉丝关注的行为。

所谓算法思维，就是关键词或者是触发热点机制，观察平台火爆短视频的剧本、人设等，挖掘出其触发平台算法机制背后的逻辑，然后用到自己的实践中去。

比如我们经常看到有些人可能才几十个、几百个粉丝，他的一个直播或者短视频也能做到几十万、几百万的阅读量和播放量，就是因为他的内容撞上了平台热门的算法逻辑或者是关键词，内容瞬间火了起来。

不管是抖音还是快手，它们背后都有一套固定算法，大致逻辑是它们先把你的内容推送给小流量池，比如 1000 个人。如果这 1000 个人中，有一定比例的人参与了点赞和评论，代表这个内容相对优质，系统会把你的内容推送给更大的流量池，比如 10000 个人。如果这 10000 个人中，又有一定比例的人感兴趣，有点赞，有互动，系统会再次把你的内容推送给更大的流量池，比如 100000 个人。以此类推，这就是算法思维。

在短视频直播时代，可以用短视频直播把大多数的商业模式或内容重新做一遍。比如有一部分内容直播平台上还未出现过，你只要第一个在这个平台上表达出来了，可能就很受欢迎。

杜子建老师的成功就是他占住知识抖音类别的第一人，填补了知识内容抖音号的空白，粉丝互动量很高。同时，抖音算法也分配了很多流量给杜老师，几个月的时间杜老师就有了几百万粉丝。

这就是用算法思维填平台所需内容的空白，切中了算法机制。

我们触电会会员王爹，在抖音和快手上是分享护肤品的。一般销售化妆品的都是小姐姐们，都是美女。突然来一个四五十岁的中年秃顶老男人来说化妆品行业，说护肤品行业，直接就爆了。

这也是撞上了算法思维。很多账号是这样子做起来，靠算法思维火的。

因此，我们在短视频直播时代需要有算法思维。

▷ 从干货思维到故事思维

做短视频直播要学会讲故事。我们千万不要用一个单纯的干货去呈现自己的观点，而要通过一个故事来说明自己的观点，就是要有故事思维。

2019 年年底，触电会会员，抖音卖货的牛肉哥项目操盘手李荣鑫在群内做了一次线下分享。他说牛肉哥为了卖红酒，到国外实地拍了一个月，探寻欧洲的红酒基地，秀红酒，说自己卖的酒就是什么酒庄出品的，用的是什么葡萄，最后一天就把这个红酒推了出去。

这就是故事思维。如果你天天说我的红酒有多好多好，那是干货思维，这在短视频直播时代已经落后、已经 out 了，所以大家一定要有故事思维。

爱听故事是人的天性，短视频直播又是能够讲述一个故事的最佳方式之一。我们经常看到抖音、快手那些表演、那些段子和那些情景剧，都知道是在表演，但是我们还是假装认为是真的。我们看那些表演和那些故事，还在乐此不疲地评论留言，这就是故事的魅力。那么，讲一个故事，需要注意哪些方面呢？

故事要有魅力

干巴巴地讲出一件事情或者一个观点，大家不太乐于接受。如果我们用故事思维来做，借助短视频直播方式呈现，大家就容易接受。

我拍抖音时需要讲一个创业的心得，关于个体创业者怎样做最务实。如果我在短视频里面出镜，一字一句地说出来，用户可能觉得比较说教没意思。后来我换了一个理发点的场景，用给理发小哥建议对话的方式展现出来，显得很有故事性，生动多了。

这显示了一个故事的魅力或者吸引力。

故事要短小

讲故事要短，最好 15 秒讲完一个完整的故事。短才能符合用户时间碎片化的阅读观看习惯。如果是一个长故事，就像电影、电视剧一样，是不合适的。

感知大于事实

讲故事的时候不一定体现一个事物的本来面目。我们要明白通过视频让观众感知到什么，可以是观点、价值观或者正能量等，这就是感知大于事实。

所以我们短视频来讲故事，是比文字、图片更生动，但是要求也更高。

它是立体的，不仅要有背景、有人、有光线，还要有策划。

一个好的短视频的账号，一般有四个要素才能讲好一个故事，包括脚本策划、导演编导、演员表演和拍摄剪辑。剧本策划就是要有一个会写故事的人，是策划和文案；导演就是要把这个故事导演出来；演员，就是人，人表演得好不好，真不真实，能不能打动人，这是第一位的。

短视频故事发布出去之后，我们还需要对评论进行回复，导流粉丝至微信号，还要去跟对方谈合作，甚至还要做到推广。因此，我们做好一个故事的短视频，不需要每天去拍，一个月可能花 1 ～ 2 天，拍十几条短视频直播的故事，每隔几天去把这个视频发出来，然后运营和维护，就可以了。

很多人觉得做短视频直播，拍短视频故事，每个环节都要配备一定非常专业的人，需要一个专业的团队，其实是不需要的，可以一人多用。同一个导演，同一个剪辑，同一个拍摄都可以，核心在于脚本内容。

要做好短视频直播，需要具备故事思维。用讲故事的方式来表达一个观点，表达一种情绪，表达一种能量，甚至表达一种趣味，千万不要只局限于所谓的干货说教思维层面。

▷ 从信息思维到情绪思维

从信息思维到情绪思维，就是说在拍摄短视频或者直播时一定要调动情绪，而文字和图片是比较难调动用户情绪的。

我今天很高兴，你发这样一段文字，再配发一张图片，大家感受不到你的高兴。如果你发一条哈哈大笑的短视频，大家就能够感受你的情绪。

因此，在呈现方式上，短视频和直播更容易传达情绪。

在图文时代，主要是信息呈现；到了短视频直播时代，要调动情绪。卖货榜前几名的大主播，他们同时也是调动用户情绪的顶尖高手。所以情绪思维是做好短视频直播的一个非常重要的思维，一定要发挥短视频直播的优势，调动观众的情绪，才能够做好短视频直播。千万不要像图文时代那样给客户一个硬邦邦的话题，类似播新闻一样把信息传达出去。

普通主播卖产品，他们正经地介绍产品卖点，演示产品卖点，然后建议用户下单购买，这是信息思维。而具备情绪思维的主播卖产品，他们会调动起用户购买的紧张感。比如只卖100件，价格这个月最低价，仅限5分钟秒杀等这类语言和场景描述。或者是在言语上感谢打赏用户，给足面子等，他们用互动的手段，将用户的情绪调动起来，激发其购买欲望。

2019年年底，触电会会员，同时也是快手美妆卖货高手的朱瓜瓜在社群内做线下分享。她是给我们做虚拟展示直播卖货，分享如何做直播，结果效果不好。因为她没有在直播卖货的场景里面，没有场景的互动，就没有了情绪，也找不到感觉。当她打开快手直播间，真正开始现场直播，她整个人气质就不一样了，情绪被调动起来，状态非常好，10分钟卖出1000个订单，大家看了都很震撼。

因此，情绪思维里面所指的情绪包含两个方面，一方面是主播或者是博主，就是短视频直播者个人的情绪，一方面是观众的情绪。两者之间的情绪是互相调动的。

你把短视频直播当成一次演讲，就很难调动一个人的情绪。如果是在一个平台的直播间的场景下，博主或者微网红就要很嗨、要有情绪。自己都没有情绪，就带动不了观众的情绪。因此，主播在直播时一定要嗨起来，一定要积极动起来，激情飞扬起来。你千万不要陷入图文表达的信息思维，一定要上升到情绪思维。因为只有把观众的情绪调动起来，你的直播或者短视频才有点赞，才有评论，才有互动量。有了互动量以后，各大短视频直播平台就会推荐，你的直播或者短视频才会越来越火。

如何调动观众情绪？要调动观众的情绪要做到这两点。首先，主播自己要有情绪；其次，主播在表演时或是主播内容一定要聚焦一个点。

短视频直播平台时间很短，要在 15 秒或者 30 秒很短的时间内调动观众情绪，必须要表达出一个观点。因此，你宁可极端地表达一个观点，也不要平铺直叙地表达一个观点。

情绪思维里的情绪包括悲伤的情绪、快乐的情绪，还有正能量的情绪等。在一个短视频中，只需要调动一个情绪就好。比如说感动的情绪，你可以让你所有短视频的内容围绕调动感动情绪这个点去展开。你的短视频内容还需要有共鸣，一定要直达观众的内心，把观众的情感给调动起来。

我们在做短视频直播时，如果用的是信息思维，就是通过逻辑分析讲道理来表达一个产品的好，这个效果往往是相对比较差的。如果我们在短视频直播的过程中，用很深的情感来调动观众的情感，和观众产生了共鸣，往往效果会好很多。

现在比较火的主播李佳琦，他就特别善于调动女生购买的欲望情绪。只要他在介绍一款产品，口头禅就是买它买它买它。这种方式非常洗脑，观众的情绪非常高亢，充分调动了用户的购买欲望。而他的用户大部分都是女生，女生更为感性，她们的情绪也更容易被调动起来。

所以对于那些用户大部分是女性的主播而言，情绪思维也更加重要。

从长文思维到短平快思维

抖音、快手等平台的特点，使得短视频的内容时长一般是5秒、10秒、30秒，最长不超过5分钟。这就要求我们做短视频内容时需要有短平快思维，要用短的方式来表达，这是一个新的思维方式。

我2009年开始写微博，做自媒体十年，我自认为自己做得比较成功，每年收入递增。在做自媒体时，我没有写过一篇长文章。每天30条朋友圈、30条微博、30条头条，100个字左右，就是短平快。我觉得我是靠这个成功的。一些著名报纸的主编，他们没有短平快思维，动不动写一篇长文章，从商业角度看，作用不太大。

在短视频直播领域，短平快思维同样适用。

从自媒体的角度出发，为什么要强调短平快呢？因为用户的习惯。在信息越来越丰富的时代，他们的注意力越来越碎片化。你要一下子抓住他们的眼球，才能够抢住他们的时间。图文时代的140字和15秒的短视频比起来，用户更愿意接受15秒的短视频。

如何用短平快思维做短视频直播？短很好理解，尽量把视频做到越短越好，能够直击人心。平就是尽量做到用户可以接受，产品价格或者内容平民化。快就是快节奏的，快节奏运营，快节奏结束，一定要快速打动人心。短视频直播要做到实时性，紧抓潮流热点，紧跟平台规则热度。

短视频追寻 24 小时定律，平台上的短视频内容，最多在 24 小时内，要么就火，要么就永远都火不起来。你很难做到像以前的文章那样，沉淀成所谓的经典。经典的概念在短视频这个行业基本不存在。

像《红楼梦》《西游记》这些流传几百年的经典，在短视频直播时代是不可能的。一个短视频内容，在这个时间段火了，有几十万、几百万人观看，过了这个时间段就基本没有人再关注了。如果你想让一个精美的短视频内容干巴巴地放在那里以后火起来，是不可能的。

因此，短视频直播运营要有短平快思维。每发布一条视频，就迅速利用自己的私域流量进行传播，比如微信、亲朋好友的群等。短视频直播平台上有引入新流量的也要快速沉淀至私域流量。我们要进入一个全新的追求速度、追求效率的时代。有效率的生活都是美好的。

从平行思维到反转思维

平行思维是指平铺直叙，反转思维是指在短视频内容呈现上可以反转剧情来表达。

大家有没有发现一个规律，抖音、快手平台上火的短视频内容，80% 用到了反转思维。因为视频很短，平铺直叙就打动不了粉丝，调动不了粉丝的情绪，必须要用反转。例如短视频讲一个故事，本来出现的是 A，应该出现的是 B，结果出现了 C。

在 2020 年触电会跨年演讲的现场，我给大家做了一个小毁三观的现场演示反转思维，让现场 1000 位参会者来猜我内裤的颜色。结果红的、黑的、蓝的……各种颜色都有人猜，没有一个人猜对，因为我没有穿内裤。既然是反转思维，那肯定是没穿内裤是反转。我让大家猜内裤的颜色，大家就以为是红色、绿色……结果我没穿，就是反转。

像这种短视频内容就会火。你发的每一条短视频像我刚才案例这样结果反转，你可能就能成功。

我曾经咨询过一名短视频直播的高手，他是触电会会员，是办公室小野背后的策划经营者。他说抖音、快手想做得好，不在于你如何拍，也不在于怎样运用，在于看，要多看。你要琢磨分析这条短视频直播是如何火的。很多人是想拍就开始拍了，而他觉得你至少要看一两个月，分析这个短视频为什么火，为什么观众喜欢。他发现了反转思维成了短视频火爆的核心。结局一定要反转，尽量去反转，要出其不意。最后，他旗下的短视频账号用这个方式火爆起来。

我们在电影里也经常看到所谓的戏剧化结局，所谓的戏剧化，就是有时候结局跟真实的生活不一样。我们只看平常的真实生活，它可能没啥记忆点。因为每个人都有理想情结，希望自己的生活基于现实又高于现实，而只有反转能够做到高于现实。

短视频也和电影一样。因为时间限制，它就需要一种出其不意的、反转的、幽默的方式表现出来，这样才能够火起来。如何做到呢？我觉得就像上个案例中提到的那样要多看，多去看看 80% 火的短视频是怎么反转的。无非就是前面进行铺垫，当你以为剧情是会走向 A，其实结果是 B，这就反转了。

反转思维是一个很重要的思维方式。如果你没有反转思维，基本上你的视频很难火。

▷ 从货架思维到人设思维

货架思维就是依赖于平台渠道，靠详情页或者堆头包装去吸引消费者注意，从而达成购买。做短视频直播时，需要有人设思维，塑造个人IP，让粉丝通过短视频或者直播来了解你，信任你，从而购买你所推荐的产品。

消费者对你个人 IP 的信任力，让渡到信任你推荐的产品。

个人 IP 为什么这么重要？因为能不能卖货其实是由你一开始的人设决定的。我们在抖音、快手平台上看到有些人很火，就是不能卖货；有些人的粉丝互动量并不是很多，但是卖货销量很好。很大一部分原因是他们的人设，就是个人 IP 打造得好。

能够卖货的人设，比如有供应链的人设、卖货的人设或者导购的人设，是你在一开始就要定位好的。如果你的个人 IP 定位跟产品有关，你就比较容易卖货；如果你一开始定位是一个美女，秀自己的美，跟商品没有任何关系，在卖货时就比较有困难。

因此，如果你决定要做短视频直播卖货，一开始做账号时个人定位要做好，IP 要打造好，人设要做好。

如何塑造一个人设，打造个人 IP？

1. 起一个让人印象深刻的名字。

2. 有一个重度垂直细分且精准的定位。

定位需要通过不断的短视频内容输出建立，加深自己的人设印象。

3. 通过自建粉丝池来进一步加强自己的人设。

把粉丝沉淀到个人微信号，粉丝导入到个人微信号越多，你的人设形象也就更加固定，然后通过社群运营或者裂变的方式将自己的人设变现。

▷ 从 ROI 思维到 GPM 思维

ROI 是指投入产出比，是电商时代所用到的核心指标之一。比如你投入了价值 1000 元的产品，销售收入 3000 元，那你的 ROI 就是 1 ∶ 3。

GPM 是指短视频内容每 1000 次播放量带来的销售额。

在短视频的时代，ROI 思维已经不大适用，我们要用 GPM 思维去了解、分析短视频内容的投放效果。

第一种情况：你花 10000 元投放短视频内容，带来了 5000 次播放量，卖出了 5000 元产品。从 ROI 的角度分析，你的投入产出比是 1 ∶ 0.5；从 GPM 的角度分析，每千次播放量带来了 1000 元的销售额，你的 GPM 是 1000。

第二种情况：你还是花 10000 元投放短视频内容，带来了 10 万次播放量，卖出了 20000 元产品。从 ROI 的角度分析，你的投入产出比是 1 ∶ 2。从 GPM 的角度分析，每千次播放量带来了 200 元的销售额，你的 GPM 是 200。

如果我们现在还是用电商时代的ROI思维来分析短视频，很容易出现短视频投放的误判。比如上个案例中提到的第二种情况。

这条短视频的内容非常火爆，带来了更多的流量，使得销售额提升。一条短视频的内容是否能够火爆，概率我们不能把握。但是我们可以通过GPM来评估一条短视频内容在1000次播放量里面能够带来多少的产出，然后通过推广的投放去同比例放大，那这个产出就是稳定的。

做生意特别是做短视频直播的生意，我们要追求的是稳定的产出，不是依赖一条短视频能够火爆的几率。

第四章

短视频直播四大平台：抖音、快手、腾讯直播、淘宝直播

短视频直播作为 2020 年的最大风口之一，大家需要关注抖音、快手和腾讯直播这三个平台。淘宝直播适用于有天猫、淘宝店铺的群体，对广大创业者的参考意义不大。

抖音和快手可以短视频直播，特点是基于公域流量；腾讯直播是基于腾讯生态，特别是微信的个人私域流量。

推荐大家重点关注这三大平台，除了这三大平台是现在新流量的最新趋势之外，有一个非常重要原因，是这三大平台上的粉丝数据更为真实。

直播的概念在早几年前已经开始流行，为什么当时没有形成主流的商业模式，有一个很重要的原因是资本推动了数据的虚假繁荣，很多粉丝其实是机器人。但是在这三个平台上，你所见到的粉丝绝大部分是真实的粉丝。

▷ 抖音平台

现在很多自媒体人认为，抖音和快手短视频直播，是少数大网红的专利，普通人基本没有机会。这是他们不了解微商行业。他们不知道，一个宝妈，初中毕业，一个微信号几千粉丝，做微商产品只是复制品牌方的文案，一样在几年间赚了几十万、几百万甚至几千万元。

我相信，抖音、快手等短视频直播也和微商一样，一个普通人有几千粉丝就足够赚钱了。机会一定会留给普通人，让普通人也有一个上升的空间。

短视频直播最早兴起于抖音和快手平台。很多人说做短视频把抖音与快手混淆了，其实这两个平台特点有很大的不同，尤其是在流量的分发逻辑上。

抖音流量分发逻辑像中央集权，平台算法是针对不同的短视频内容给不同的流量。一个好的短视频内容非常容易在抖音平台上火爆，甚至高达 5000 万次的播放量。

在2019年，我的一条抖音短视频，因为用到了反转思维，在抖音平台上爆了，播放量在当天的24小时高达5000多万次，在排行榜上排到了第一位。

这就是抖音平台典型的流量分发逻辑，很容易打造爆款短视频，抖音粉丝的获取效率也要远远大于快手。只是粉丝黏性相对于快手而言相对要弱。

快手流量分发逻辑是基于社交+兴趣来进行短视频内容的推荐，先社交再兴趣推荐。所以，快手粉丝的社交信任流量大于抖音，它能够更有利于快手主播在快手平台上建立自己的粉丝群体。直播互动的方式也让快手主播跟用户沟通得更深，信任度更强。粉丝转化路径比抖音更为直接。

抖音更多的是一些品牌广告投放。快手更多是主播卖货。因此，抖音的变现逻辑是通过卖流量卖广告。快手是基于社交关系电商化来变现。

有一个触电会会员，他在抖音平台跟快手平台做电商，他综合自己的卖货反馈结果，说快手直播卖货的效率是抖音直播卖货的40倍。

当然，快手电商大部分是通过直播卖货。因此，从电商直接卖货的逻辑来看，快手平台要好于抖音平台。能够将抖音和快手渠道同时做好的机构，目前还不超过5%。

如果用短视频的内容来卖货，抖音平台会比较合适；如果是通过直播来直接卖货，快手平台的效率可能要高一些。

只是快手粉丝增长的速度慢，因为抖音的粉丝更多来自你的爆款短视频，快手的粉丝更多是来自你的直播或者你的打榜。在运营的逻辑上，大家一定要明白这一点，再确定自己入驻哪个平台。

2019 年年底触电会内的抖音转化数据：

1. 大盘投放转化比是 1 ∶ 1.1，护肤类的能够到 1 ∶ 10；

2. 个护品牌半亩花田投放方短视频，3 年从 0 做到 22 亿的规模，比微商速度还要快。

这个是行业数据，值得大家参考。通过抖音起来的品牌在未来的 1 ～ 3 年会越来越多，崛起的速度也会比微商品牌更快。

抖音短视频内容崛起很快，需要用短视频思维来做。我个人的经验是通过写微博、公众号和朋友圈的思路做抖音短视频很难做起来。抖音短视频更多是调动情绪、感染力等关键词，但文章主要关键词是干货、观点等。玩法完全变了。我们需要改变自己，用适应短视频特点的新玩法去玩转短视频。

做抖音账号，并不是粉丝越多越好，粉丝不在于多，而在于精。因为抖音平台会对你的短视频内容进行标签匹配。因此，抖音账号在开始运营前要考虑好自己卖货的人设，然后根据这个人设规划内容，运营内容不要偏离这个人设的主线。

做好定位，根据上一章提到的八大短视频思维运营自己的账号，这样做起来的概率会高很多，卖货能力也强。因为只有精准定位的人设以及围绕着人设所产生的内容，才能吸引到能够给你买单的用户。

如果你的粉丝精准，其实不需要上百万的粉丝，只需要有 10 万、20 万的粉丝就够了。

我的一个触电会会员，他在抖音上开始只有几百个粉丝，后来发展到 15 万粉丝，但是销售额每月都在 300 万元以上，这就是精准定位有精准粉丝的好处。

抖音卖货越来越方便，抖音小程序可以直接下单，直接避开了淘宝链接的限制。这意味着，商家可以直接做小程序商城在抖音上卖货，而且支持微信、支付宝付款。

在做抖音短视频，还可以与今日头条结合来做，这两个平台都属于同一家公司，数据互通。

我自己就是这样做的。我最早开始运营今日头条账号。当时我把微博、微信公众号所有的长文章都转发到今日头条，通过长文章在今日头条上吸引了接近 10 万粉丝。到我开通抖音号时，今日头条自己把这部分粉丝同步到抖音号上，实现了我抖音号的第一步粉丝启动。

许多人开始运营抖音账号时，认为抖音的算法机制以互动量为基础，那么自己注册一堆小号互动，就更能获得官方流量池的推荐。这个做法并不完全合适。抖音流量池递增核心数据最重要的是智能推荐，根据观看者的真实完播率推荐，所以投机取巧，用小号去点评赞没有用。真实做好内容才是运营的核心。

抖音卖货，定价策略也是一个非常重要的点。有一个行业公认的数据可以给大家参考。

在抖音平台上定价在 60 ～ 69 元区间是最佳的价格平衡点。这个数据来源于我的几十个触电会成员的实际案例分析。在 60 ～ 69 元这个区间，你的卖货利润空间与抖音平台上粉丝的接受程度是最佳的。

我之前在抖音账号上卖书是按原价来卖，就是一本书 99 元，已经卖了超过 700 本。等我了解到这个数据后，就把书定价到 69 元一本。后面发现销售效果果然不一样。

所以你不用去质疑这个在行业内经过千万次测试过的数据，直接拿来用就可以。不过卖书赚钱不是我的核心目的。我的核心目的是有更多的抖音粉丝通过买我的书对我的触电会社群感兴趣，然后交 2 万元年费成为我的会员。

快手平台

快手平台流量分发的强社交属性和关注栏目的推荐，使得快手主播的门槛比较低，关注栏是被打开最多的页面。这一点与抖音推荐栏被打开形成了鲜明的对比。

快手直播能够很大程度上加强粉丝对主播的黏性和信任度。这种特性让非常多的普通主播更容易在快手平台上获得成功。而快手的同城功能，让非常多的传统线下实体店借助快速平台来实现转型。

2020年初我开始写这本书，快手日活数据是2亿，春节后更多。快手做短视频直播的门槛低，只要你的粉丝数有6个就能直接开通直播，变现速度也很快，三四线城市用户有65%，他们买东西选择少，所以看好了就买，不犹豫。现在天猫第一的美妆店铺也是快手主播，而全球化妆品巨头做电商可能比不过一个快手主播。

据行业内的触电会一会员在一次聚会时分析，现在快手平台上1000万粉丝以上的有70多个，因为乱说话、没有契约精神坑商家等各种原因已经被封了的主播账号有20多个，只有40多个主播的粉丝是在

1000 万以上的。这其中还有一半是不卖货的。真正做直播卖货的大 V 也就 20 多个。抖音超过 1000 万粉丝的主播要远高于快手。

造成差异的原因，是两个平台流量分发逻辑不同。

抖音平台的流量分发呈漏斗形，一条短视频的完播率、点赞量和评论量达到一定数量，就会被推送到更大的人工运营的流量池，一级一级往上推。快手平台的流量分发更具公平性和普惠性，如果某主播的粉丝量到达一定的数量，他的短视频分发将受到一定程度的限流，也没有设置类似于抖音的那种流量池。

据业内人士透露，快手头部主播最多只能分流掉快手平台当天不超过 30% 的流量。快手平台上 70% ~ 80% 流量是留给普通主播的。所以这也就能够理解，为什么更多的人愿意在快手的平台上卖货。

一般来说，5000 个快手精准粉丝的账号，直播能带来 30 ~ 50 个在线观看，卖 2000 元左右的货。比如说快手平台上的摄影类目，只要你是超过 10000 粉丝的 KOL（Key Opinion Leader，关键意见领袖），能保持不掉粉丝，就可以进 TOP100 了。在快手平台上卖货，每个月赚 5 万元不是问题。

现在的快手直播电商，和十年前的淘宝一样，充满无限商机与奇迹，所有淘宝电商模式走过的路，从 2020 年开始，会在快手、抖音短视频直播模式重新走一遍。以后通过文字及图片买东西的人越来越少，大多数人会在视频场景下买东西。

做快手平台的账号，粉丝越垂直精准，商业价值也就越高。

2019 年年底快手官方后台显示，触电会会员王颖的账号“别问王爹”的一次直播是快手美妆带货的全网第二名！只有 20 多万粉丝的“别问王爹”帐号，超过了其他几百万粉丝的美妆主播。

可以看出，垂直精准粉丝很重要，垂直精准粉丝 20 万的带货能力超过 2000 万泛粉。

20 万粉丝一次直播卖几百万元的货，“别问王爹”的成功引来快手第一大号的关注。快手一哥专门飞过来求合作，求入股。快手官方提供内部数据显示，“别问王爹”的快手销售转化率在目前整个快手排名第一，无人能及。

他的成功也为大家指明了运营方向，只有做深度垂直的粉丝运营，短视频直播的商业价值才能够放得更大。

2019 年之前，抖音和快手的运营策略都有所侧重。比如抖音更加侧重于头部主播的扶持和直播的打赏，而快手更加侧重于普通主播的扶持和直播卖货。

2020 年开始，抖音和快手的运营策略会变得更加相向而行。抖音关于直播带货将会更加发力，并且下沉至三四五线中等城市用户。快手拿下了春晚赞助，将更大力度地推动快手去覆盖一、二线城市的用户，短视频带货以及垂直类内容的扶持。

作为这两个平台生态下的主播或者是商家，一定要把握住平台规则变化的趋势。最好的方式就是两个平台都做，不断试错、不断进步。

腾讯直播

关于腾讯直播的生态，触电会会员管鹏老师的解读估计能让大家更好地了解清楚。

他特意造访了腾讯直播总监，两人深度交流了腾讯直播的未来，腾讯直播隶属于腾讯 QQ 事业部，目前有两个渠道布局。

看点直播

看点直播后端是腾讯直播 APP，拥有微信公众号、粉丝不低于 5 万人的可以直接申请。没有公众号的属于为数不多的官方内测服务商，服务商目前收费不统一，只对商家提供，不适合个人，要求必须有营业执照，还要提供相关资料，首次开播不得低于 500 人次在线观看。否则无法通过审核。看点直播完全靠自己社群的私域流量。

腾讯直播对标淘宝直播，只卖货不娱乐，发现卖假货举报后一律封号。

腾讯云直播

通过腾讯云端直播技术孵化了包括特抱抱、小电播等微播平台，无需营业执照，没有首播 500 人次在线观看的要求，只需要购买工具开通即可开播，可自行开设店铺，上架自己的产品，审核后开通。默认允许引流微信，不仅通过社群私域流量还有自身平台的流量，个人运营者容易获得销量。

腾讯微信对于这些第三方直播小程序都抱以开放的态度，因此才有了这些小直播平台。

一般情况下，人们所提到的腾讯直播，指的是腾讯官方的看点直播平台。

和快手、抖音直播相比，腾讯直播因为有微信 11 亿日活流量作为基础，让人们对其商业化的前景有了更大的期望。腾讯直播，因为与基于微信起来的微商商业模式有着天然融合，也将会成为微信社群团购和微商的大风口。

腾讯直播的兴起

腾讯直播是在 2019 年年初开始内测。我有幸受邀参加腾讯直播内测。内测之后，因为我在自媒体上报道了腾讯直播，在电商行业、微商行业和社交电商行业都引爆了话题讨论，被整个互联网圈内人认为腾讯直播是抖音直播、快手直播之后的第三大直播风口和平台。

为什么要用腾讯直播？

1. 用户都在自己的朋友圈里。

2. 微信弹窗通知，方便到位。

3. 小程序观看方便。

4. 直播结束后，方便在微信通知直播回看。

5. 可以和用户互动，把用户沉淀在自己的朋友圈。

6. 能够随时随地做好咨询和服务，服务效果更好。

7. 直播可以直接添加微信，是私域流量变现最快的直播平台。

8. 对知名的大型品牌主，在微信搜索的第一页，一天8000个以上的自然搜索，用户搜索品牌名时，可以直接弹出直播小程序。

9. 可以在腾讯直播叠加优惠券，社交传播放大效果。

通过投放广告落地直播页面售卖产品，搭配优惠券等营销玩法，通过社交传播方式扩大直播外溢效果，大大提升了直播的转化效率；用户可以在直播落地页内，邀请好友一起看直播，双方领券，皆可享受优惠价格。不仅互动性得到提升，社交传播也放大了效果。

腾讯直播与抖音、快手直播最大的不同，一是流量的分发逻辑。腾讯直播更多的是基于主播个人的私域流量，在开放之后可能也会接入付费公域流量。二是粉丝信任度。关注腾讯直播的人更多的是自己的微信好友，信任度要远比快手或者抖音更强。所以腾讯直播的转化率非常高。腾讯直播运营的最好策略是每周直播 1 ～ 2 次，这是你的流量来源决定的这个运营特点。

做微信直营或者是线下有很多门店、积累非常多微信粉丝的传统企业，做腾讯直播会有非常好的效果。因为从目前的行业现状来看，很多知名传统品牌要通过直播销售产品，往往找的是头部主播，他们在找头部主播时需要交一定的坑位费，比如说 5 ～ 10 万元的坑位费，才能换得头部主播对这个品牌大约 5 ～ 10 分钟的引导销售时间。这对传统企业来说并不合适。

触电会一个会员是做微信直营的，他们在参与腾讯直播内测时做到了每天直播销售额达 100 万元。一个自己的直营品牌直播销售额能够超过 100 万元，远远超过了快手和抖音平台的直播。

我在 2019 年 5 月参与腾讯直播的内测，首播最终观看人数 1.9 万人次，时长 1 小时 36 分 03 秒，共 2276 人关注订阅，227 人付费买书，实现 20000 元收入。这只是首播，我自己毫无经验，这样的直播数据让我很惊讶。

体验总结如下：

1. 可以直接在自己微信号看直播，边看直播边购买，直接微信支付，流程非常流畅，一旦正式推出，绝对是 2020 年最大风口；

2. 可以直接在直播时说自己的微信号，推广自己的微信号。

抖音、快手和淘宝直播等均不能提微信号。通过腾讯直播，粉丝能够沉淀到自己微信私人号的流量池，这个功能对于社群微商、社交电商行业人来说实在强大，秒杀其他短视频及直播平台。

2020 年腾讯直播已经对外开放，大家可以通过腾讯直播的服务商直接开通腾讯直播账号。以后，5000 万的微商人可以用微信直播，直接在微信里面卖货了。

告诉大家一份来自腾讯直播最新的数据：

1. 腾讯直播的优惠券领取率为 98%，远远高于淘宝电商优惠券的领取率。

2. 腾讯直播的数据比其他直播好 10 倍，微信互动率 36%，即 100 个人看直播，36 个人会评论。其他直播互动率 3%。

3. 腾讯直播的平均客单价在 100 元以上，高于抖音和快手平台。

做好腾讯直播要把握两个点，有用或者有趣。有用，就是任何人都可以是某个领域的专家。有趣，就是在有用的基础上，让直播增加娱乐属性。做好这两点，效果效果不会差。

触电会会员苹果哥对腾讯直播的总结也很有代表性。他做抖音账号突破 100 万粉丝，在体验了腾讯直播后，他说：腾讯直播大家要做，我感觉这个模式很棒，以前做抖音直播，里面黑粉很多，又不让说微信号。我在腾讯直播的两个小时，没有一个人来捣乱，因为都是真实有效的精准流量，你做出合理的解释就很容易成交。

腾讯直播平台不允许销售虚拟产品，例如会员课程等，也不允许直接做微商的招商或者是加盟商的招商。之前有些人不知道这个规则，在直播的时候直接招募代理或者是销售会员权益，结果被腾讯平台封了账号。

对于腾讯直播在微信生态下的模式预估，有个专注这个领域的触电会会员说得很有道理，大家可以参考：

1. 没有中央广场做入口

微信直播大概率不会做一个类似淘宝直播这样的中央入口来分发流量，因为只要有中央入口就会有腐败。MCN（网红孵化中心）等机构就会把精力放到如何和腾讯的人搞好关系上，把重点放到钻研规则上，而不是怎么做好内容上。

2. 零抽佣体系

腾讯体系目前在微信已有的成熟商业逻辑是卖流量（腾讯社交广告）。腾讯这种大公司一定是采用稳妥的方案才能更好的融合新业务，而不是采用激进方案。所以腾讯的直播大概率是卖流量来赚钱，而不会采用抽佣分成。

3. 适合中小个体（微商）

腾讯直播本质上还是一个微信生态下的工具，工具属性更重（淘宝直播就不是工具），既然是工具，就存在谁用得好的问题。根据过去经验判断，微商对微信生态要比大品牌玩得好。

腾讯直播内侧是在 2019 年 3 月份，大规模进入大众视野是在 2019 年年底。我可以自豪地说，我的触电会会员是最早参与腾讯直播的第一批用户。触电会已经领先业内半年开始关注到这个领域，并且摸索出了一套行得通的商业模式，这就是我的社群触电会的存在价值。

淘宝直播

淘宝直播从 2016 年开始布局，在 2019 年迎来大爆发。

淘宝直播的网红在 2019 年“618”直播成为主角，在 6 月 18 日，主播薇娅凌晨直播开场仅一个半小时，成交额就突破 6200 万元，李佳琦则在 3 分钟内卖出了 5000 单资生堂“红腰子”，仅这一个单品的销售额就超过 600 万元。当红主播动不动直播间卖货过亿元。2019 年“双十一”当天成交额 200 亿元，占 2684 亿元的 7.5%。10 个直播间过亿元，这两个主播这一天直播的销售额都超过了 10 亿元。可见淘宝直播电商的威力。

直播生态同时也是残酷的，大众熟知的淘宝直播的主播只有李佳琦与薇娅两人，第三名大家都记不住。因为一个

人只有一个手机，最多只能看两个人直播，头部集中度非常明显。

在 2019 年 12 月淘宝／天猫面膜高交易店铺中，夺得冠军的是定位为快手直播的辛有志严选店（超过欧莱雅），而辛巴是快手平台的主播。

阿里官方评选的 2019 年度最新短视频带货电商网红（根据阿里后台销量评选，有权威性），辛有志、初瑞雪、李佳琦等当选。以前最火的带货网红张大奕和雪梨等出局。目前最火的都是快手网红，淘宝直播出身的李佳琦排在第四位。另外有个行业数据也很有价值：淘宝直播的退货率是 30%，快手带货的退货率只有 3%。

快手封杀了淘宝链接，快手网红初瑞雪、辛巴不能再给淘宝带货，直播电商格局又会发生变化。淘宝直播可能将直接面临快手平台的竞争，抖音平台会不会也加入进来，目前看有这个趋势。

随着用户日活量的增加，快手与抖音都有很大动机自己做电商平台，实现自身流量的闭环。

在这样的格局下，如果不是天猫店或者淘宝店主，淘宝直播这块我建议大家不用太过关注，将自己的注意力集中在抖音、快手和腾讯直播三个平台即可。

直播行业兴起，让直播选品师被列为 2020 年互联网择业指南最有“钱”景的职业之一。在短视频直播火爆的今天，短视频直播带货公司、直播选品师的职位也属于核心部门的核心岗位。

第五章

短视频直播电商

从卖货渠道的角度分析，我认为 2020 年的零售卖货渠道主要有四个，传统零售、电商、微商和短视频直播卖货渠道。

我大胆预测，2020 年在零售渠道格局上，传统渠道占 50%，电商渠道占 30%，微商渠道占 10%，短视频直播渠道也将占 10%。

电商渠道发展了十几年，才占到了整体零售渠道的 30%，微商花了五年时间，占到了 10% 的份额。短视频直播电商发展的速度非常惊人，仅仅只花了 1 ~ 2 年时间，就能占到 10%，所以这个渠道是所有人不能忽视的。

▷ 短视频直播与电商的关系

短视频直播与电商是天然融合的关系。2020 年电商的最大风口就是短视频直播卖货。

淘宝在 2016 年已经开始布局直播卖货。我预测 2020 年的“双十一”淘宝天猫的整体销售额将突破 3000 亿，而其中有 1/3，也就是 1000 亿是由短视频直播卖出去的。

如果你是做电商的，在 2020 年的发展节奏，就是一手抓电商平台渠道，一手要抓短视频直播渠道的粉丝。淘宝、京东的店铺继续做，也要发力抖音、快手的短视频直播平台，不断积累粉丝，沉淀自己在电商渠道和短视频直播平台上的粉丝。

对电商营销，你也要双管齐下，一手抓渠道的运营营销，一手发力短视频和直播的内容。通过短视频的内容去打造短视频平台上的个人 IP。通过个人 IP 或者账号 IP 去更好地卖货、做电商营销。如果你 2020 年没有在短视频直播布局，那么你不仅是损失一半的销售额，还可能会在 2021 年后因为跟不上趋势而被淘汰。

2020年短视频直播的趋势，将电商分为了旧电商与新电商。旧电商关键词是流量为王、图文销售和货架运营；新电商关键词是粉丝为王、视频带货和社交电商。

短视频直播的五大商业模式

在 2019 年年底的腾讯直播触电会研讨会上，我曾总结了短视频直播电商的五大商业模式：

1. 短视频网红模式

通过定位打造个人 IP，吸引垂直类粉丝，然后在短视频上挂电商链接卖货的模式。这个模式更多出现在抖音平台上。

2. 带货主播模式

这个网红人设就是卖货达人，卖货主战场在抖音、快手和腾讯直播平台。变现模式主要有两种：一种是收品牌坑位费，所谓坑位费就是主播单独 5 ～ 10 分钟只卖这个品牌产品的上架费用；第二种是佣金模式，按销售额的百分比分佣，这个是最常见的模式。

3. 无 IP 视频卖货模式

视频只有产品为主，或者用人来带出产品，然后通过开设抖音、快手账号矩阵来卖货；或者是哪个视频测试火了，直接投放广告，购物车的链接直接跳转淘宝购买页面，采取收佣金的模式。

4. 短视频招商模式

这个短视频不直接卖货，只卖创业成功人设，卖发财机会，以招代理为主，通常以 VLOG（视频博客）形式，体现人设的高大上，从而引来追随者。在 2019 ~ 2020 年，大部分微商品牌或者团队长用这个模式比较普遍。

5. 自营微商短视频模式或短视频垂直渠道混合模式

通过抖音、快手平台直接导粉丝至微信私人号，沉淀至私人流量池，做社群运营维护、卖货或者是卖服务。因为抖音、快手平台不能够直接销售虚拟产品，大部分知识变现的创业者，用的是这类模式。

不管哪种商业模式，都会以抖音、快手吸粉，直播带货，社群变现为核心。微商是商业模式内核（裂变，以人为中心等），抖音、快手是粉丝流量池，社群直播变现。

短视频直播与电商的结合，简单总结就是所看即所买，所买即所乐，就是欢乐、乐趣，一定要有乐趣。

为什么要冷冰冰地把货像沃尔玛超市那样摆在那里？这是世界上最无聊的事情，没有任何欢乐，没有任何乐趣，没有任何情绪。这些操作会逐渐式微或者被淘汰。只有我们微商、只有我们的短视频和我们的直播，是带有欢乐、带有情绪的。让你看个美女顺带着把货买了，那多有意义，这是一种最有效率的销售方式。

第六章

短视频如何与微商结合

2020 年微商品牌与短视频直播结合，将迎来微商的第二次变革。

从整个商业的闭环来看，代理微商制度是微商的核心，短视频直播是粉丝代理的来源，社群团购是微商底层动销的核心手段。

短视频直播与微商不是冲突矛盾的关系，而是互相兼容融合的关系。

我们知道，樊登读书会的收入利润是逻辑思维罗振宇和吴晓波的数十倍，这是因为樊登读书会的业务拓展模式采用了微商模式。

因此，微商模式不会过时，是有价值有意义的。

做好短视频直播和微商的结合，需要把握代理微商、短视频直播和社群团购这三个微商的核心要素。

短视频直播与微商结合的核心

2020 年微商面临的主要问题，核心是微商在微信平台上难以获取新的流量来源和粉丝来源。微商如果现在还仅仅依靠微信朋友圈、微信公众号或者百度的流量，已经难以满足微商品牌对流量的需求。

现在流量的最新阵地是短视频直播平台。微商品牌一定要发力短视频直播平台，那里是最新、最大的增量流量来源。那应该如何做呢？

你可以通过短视频直播平台吸粉，把粉丝沉淀到私人微信号的私域流量池，然后在粉丝池内用社群微商的方式成交微商代理，完成底层动销。

这就是微商与短视频直播结合的核心。

短视频直播对微商创业者的价值

短视频直播对近 5000 万微商创业者的价值主要体现在以下三个方面。

1. 能够通过抖音和快手平台打造个人 IP

对微商人来说，以前是用微信朋友圈来塑造个人 IP，现在又多了一块超级流量战场。

短视频直播对微商团队长个人 IP 的塑造更加立体，内容也更加丰富，比朋友圈的图文效果好十倍甚至上百倍。

2. 可以通过短视频直播平台招募代理

这里所说到的招募代理，并不是让你直接在抖音或者快手平台上，用短视频或者直播来招募，这是被平台禁止的。

大家可以先把抖音、快手平台上的粉丝沉淀到微信个人号的粉丝池内，然后借助微信社群运营，或者是朋友圈运营，让他们成为你的代理。

3. 直播带货

你的抖音或者快手账号有了一定的粉丝量，就可以直接直播卖货。

现在微商直播卖货比较好的品类主要有两种，一是减肥品类，一是护肤化妆品品类。

对微商品牌来说，2020 年短视频直播平台所带来的重要价值还是新流量、新粉丝的来源，然后通过微商层级代理模式卖货。微商的层级代理制度，通过运营的手段，让各层代理更好地卖货，这是核心，是重中之重。

代理制度的内核永不会变，你不要去改变，也不要随便创新。因为微商发展五年的实践检验，已经证明了这个模式是成功的。我发现谁去改变了核心微商制度，就很快消失在这个市场。

短视频直播是 5000 万普通微商人的机会。2020 年你做微商如果还是停留在微信上，靠微信去做成交、去招募代理，已经很难做下去。

必须转型做短视频直播，这是新趋势。

随着社群团购和短视频直播时代的到来，很多人开始贬低微商，说微商已死，微商已经没有机会。但我认为传统微商与社群团购、直播短视频卖货更多是融合的关系。

微商是人的裂变基因，缺点是动销卖货基因少；短视频是 IP 粉丝基因，缺点是变现相对不容易；社群团购是产品基因，缺点是缺少人的裂变。未来最好的商业模式，是将短视频 IP ＋微商人裂变＋社群团购三者结合的新商业模式，前景很好。

虽然大部分人在贬低微商，我依然力挺微商。首先，关于微商的负面舆论相对几年前已经好了很多。现在很多微商人回归到正常轨道中来，他们在谈的是“终端卖货、互动、对话、温度”等关键词，而不是谈“代理、层层分销、虚假流水、暴力刷屏”等关键词。其次，微商是先收款，再生产产品发货，而传统零售及电商都是先生产产品，再卖货收款。从这点来看，微商已经超越绝大部分传统企业。

就商业模式的赚钱难易程度而言，最赚钱的模式是微商的代理裂变模式，睡觉都可以赚钱。目前大多数社交电商平台是以货为中心，以零售为目的，还是C（消费者）端生意，直接和淘宝、京东进行产品的竞争。而微商模式是以人为中心，以批发为目的，是小B(企业）生意，以卖机会为主，和淘宝、京东有差异，很有前途。

在2019年，微商环境发生了很大变化。大家耳熟能详的微商前20、前30名的品牌，大部分业绩在下滑，给业内很多人造成一种印象，就是微商整体市场环境在下滑。而实际上是微商市场环境的总体形势在分化。头部品牌份额逐渐往下掉，而每年销售2000万元到1亿元的中小微商品牌在迅速崛起，微商市场还在稳步向上走。

详细观察那些新崛起的中小微商品牌，很大一部分是抓住了社群团购和短视频直播的风口。

触电会一名会员的微商品牌，2019年刚起盘，抓住了抖音短视频直播的风口，仅半年时间就做到了几千万元。所以我触电会2019年“818”千人论坛的主基调就是力挺微商，融合短视频直播与社群团购。不是所有生意是以产品为中心，不是所有生意在追求效率，总有生意是以人为中心，认可人后才买货，有情感的卖货前景依然可观。

我的一名触电会会员曾说过，阻碍你前进的永远不是能力或者其他，一是偏见（选择与方向），二是不行动，三是行动了不坚持（错误的坚持是越来越错）。这是一名微商人对新趋势的思考。

新趋势不是凭空想出来的，它往往与技术革新、用户习惯的变迁息息相关（需求与供应），然后是品牌与市场的比拼，国潮、极致性价比、从品牌到用户渠道便捷与直达的速率、供应链的比拼（产品端和模式端一方胜出就不会再继续赢下去）。

前几年靠运气赚的钱，这两年会凭实力全部输掉。作为商业个体，要考虑的是在时代背景下、商业与信息变化下，结合自己的实际资源和个人优势，找出新趋势下你能走的路。

微商抓住短视频直播红利

前文我分析了 2019 年微商头部品牌有一部分下滑，一方面跟市场环境相关，另一方面跟中小品牌通过短视频直播崛起，分食代理资源有关。

因此，前几年抓住行业红利的大微商，如果 2020 年不及时抓住新的趋势风口，一样逃脱不了被时代抛弃的命运。对微商品牌来说，2020 年要做好两件事：一是做精细化的运营；二是抓住短视频直播的风口红利。

如何进行精细化运营？中国营销界抖音前十的大 V、触电会会员莫大虾是这样解释的。

中国微商的科学化营销水平还处于 1.0 阶段，很多现代营销理念还未普及，由于中国微商大多以宝妈为主，她们中 90% 的人连营销的基础都不知道，如 4P、4C、UPS 等，但她们抓住了微商风口，前期成功了。现在她们需要补课，挖掘产品卖点，科学规划营销体系，就可以达到事半功倍的效果。在中国大微商普遍下滑，进入精细化运营，提升动销水平的新阶段，是到了基础知识补课的时候。

如何抓住短视频直播风口，我提出了一个新的概念，叫短视频微商，就是利用了微商裂变代理制度的核心内核，在粉丝来源方面借助短视频直播平台。比如一个新的微商品牌，新增粉丝来源不是通过微信，而是通过短视频平台，比如抖音和快手平台等。而传统的微商招募代理，粉丝来源大部分是微信和线下流量。

触电会会员杨大爷（昵称）是其中最早做短视频微商的代表之一。他用新科技产品，和触电会短视频直播平台有粉丝的会员合作，只在抖音和快手平台招募微商代理，抛弃了微信，结合了微商模式（裂变、以人为中心和卖机会），他在短视频领域不卖货，只招代理，即在国内短视频只做 C 端消费者市场的背景下，第一个在抖音、快手平台上只做小 B 市场。

我曾在《微商思维》一书中提到一个好微商品牌的十大标准。

1. 好的微商思维，必须要打破传统的卖货思维或电商思维。

2. 必须有一个好的产品，这是微商能自动扩散和产生裂变的基础。

3. 必须有好的团队，这里指的就是代理，越多越好，1000 个团队就是一个亿，10000 个团队就是 10 个亿。

4. 有吸引粉丝的渠道，有源源不断的粉丝。

5. 有一个好的微商运营。传统企业觉得有好的产品、好的团队就够了，但是没有一个好的整体运营，就称不上好的微商。

6. 线上与线下结合，仅仅靠微信和朋友圈已经远远不够了。

7. 要造势，微商一半做实一半做虚，传统企业老老实实做产品就行了。但是微商要拿出一半的时间去造势，去吸引人家的注意。

8. 好的微商个人 IP，必要打造一个团队微商领袖，传统行业和电商都不需要，在淘宝天猫买东西不需要看人。但是微商，人靠谱，人家就跟你买产品！所以，人是第一的，产品是第二的。

9. 好的培训，微商需要对团队甚至要对用户培训。

10. 会销要跟线上结合。

总结，好的微商必须以人为中心，而且必须是线上跟线下结合，包括追随、裂变、卖机会等思维结合。

如今在新形势下需要再加一条，就是能够很好地结合短视频直播的大趋势，融合发展。

目前微商圈做短视频直播比较成功的两人是抖音上的张越和快手上的楠大。他们两人的共同特点是都是初中毕业，草根创业成功，拍的短视频很容易引起一些底层创业者的共鸣，调动起他们的情绪。

微商做短视频直播，并不需要有多高的学历，但是一定要明白你的用户想看什么，你需要的是哪一类精准用户。

触电会会员明道妹妹，才做抖音三个月，粉丝做到 90 万，做减肥微商（她本来就是袜子微商万人团队长），从而获得成功。

创业是你有什么粉丝就做什么产品，而不是有什么产品积累什么样的粉丝。这是做微商的创业者需要参考的一点，你要先积累目标粉丝，再引入项目产品，前提是你的粉丝一定是精准垂直粉，而不是泛粉。

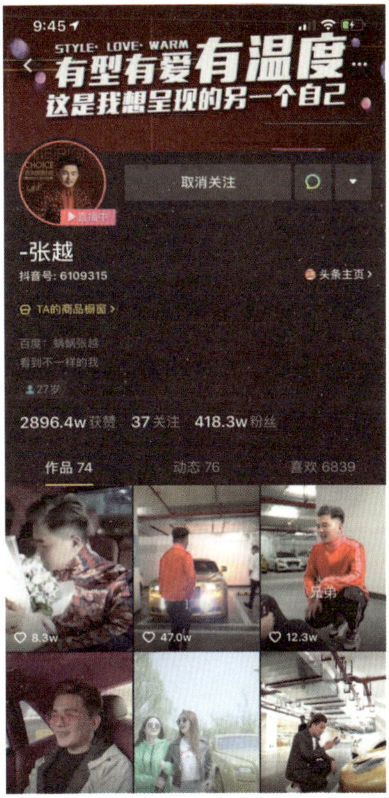

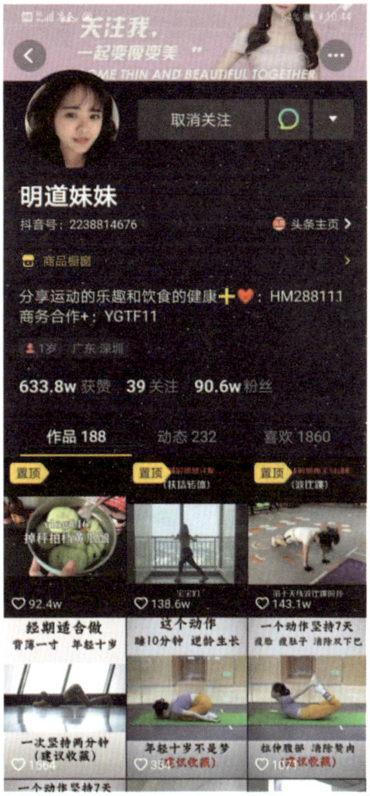

第七章

传统企业如何做短视频直播

最近翻看了一些传统企业经营者的朋友圈，发现他们大多数人还是在走传统文化独处守心的老路，参加一些传统培训，发的内容是传统修身养性的内容，参加聚会也是传统行业的聚会，他们没有追求新趋势，比如微信运营和短视频带货等。

传统的东西，没有带来他们生意上的任何增长，修身养性的作用是让经营者们内心更坚强，而新趋势不投入一分钱可以带来生意 30% 增长。

可大多数传统经营者还是选择前者放弃后者。

新东西在我们看来很容易做，无非是让店员加粉丝、发朋友圈，然后拉群运营，但对没有网感的传统经营者来说比登天还难。朋友圈发什么？群建好了如何运营？抖音、快手发什么内容？等等问题让他们不知所措。

传统经营者看我的书，关注我的自媒体，他们也是为了关注新趋势、新方法，只是做了半年就放弃了。让他们改变观念难，落地执行有效果更难。

那么传统企业经营者如何转变思维，迎合新趋势，做短视频直播呢？

短视频直播对传统实体店转型的意义

近年来，传统实体店互联网转型一直不很成功，即使是新的趋势也没能真正意义上帮助传统实体店完成转型。

1. 电商模式的实体店互联网转型失败，淘宝只是让有产品的厂家转型互联网成功了。

2. 团购模式的实体店互联网转型也失败，许多团购网站倒闭。

3. O2O 模式基本失败。

4. 新零售模式失败。阿里新零售和京东新零售也没有让实体店转型成功，而是它们自己做盒马生鲜、超级物种来与传统实体店争夺线下流量资源。

5. 微商也没有让实体店转型完全成功，目前还没有看到通过实体店做大的微商品牌。

目前，还有一个新风口、新趋势，就是靠短视频直播风口这一个模式让传统线下实体店试着转型。短视频简单易操作，拿起手机拍视频直播就能卖货。对传统实体经营者来说，短视频直播应该比上面列的五种模式更容易操作。

2019 年，我去法国巴黎游学，当地的华人奢侈店经营者告诉我，不要跟他们谈什么电商，谈什么互联网思维。他们只对中国的短视频直播网红感兴趣。他们说只要有一个直播网红在他们店里拍一条短视频或者做一次直播，他们门店的销量当天就能增长 10 倍以上。

直播对店铺卖货的效果更显著。

比如线下批发市场，目前中国的线下批发市场转型互联网唯一有效的方式是短视频带货，淘宝电商、微商和团购等以前的线上手段都没有让义乌批发市场、汉正街等转型互联网成功，但抖音、快手让这些批发市场转型互联网成功了。所谓的社交电商“精英”还在无脑刷朋友圈的时候，线下批发市场小学文化的店主经营者已经开始抖音、快手矩阵引流了。据我的触电会会员丰年说，只要有 3 个抖音号和 3 个快手号，两个月加满 5 个微信号，每天纯线上销售额可以破万元。

这就是短视频直播对传统实体店转型的意义，现在很多专业批发市场已经开始集体直播。

春节期间儿子财财上课，我在旁边的美容院等他，顺便和美容院经营者聊天。经营者的店已经开了27年，是深圳最老的美容院之一，《蛇口消息报》曾对经营者的店做过新闻报道。

经营者也跟得上时代发展，知道抖音的重要性，她花费几千元，找一个抖音专家给自己做微商代理培训和抖音培训。

短视频风口真的来了，连一个实体美容店都知道短视频的重要性，并愿意花钱去培训。我给经营者的抖音垂直定位一个建议，她可以分享她开店 27 年的心得，只要积累几万粉丝，她的店还可以火 10 年。

传统企业如何在短视频直播时代布局？

我认为传统企业在新时代的新媒体布局需要满足五个方面就可以了，分别是自己的官方抖音／快手账号、官方企业微信号、官方今日头条号、官方微博和官方天猫／淘宝店，其他的平台可以不必花大力气关注。

传统企业借用短视频直播领域的节奏也是分为三步做，从而形成由短视频直播新驱动的新业务模式，实现传统企业的整体转型。

第一步，将短视频卖货当做自己企业产品销售的一个新渠道。自己产品的线下渠道和电商渠道照常发展。

第二步，围绕短视频直播平台的特点，发展自己公司的新业务。比如在短视频直播平台重新做一个新的品牌，这个新品牌的所有产品通过短视频直播销售。

第三步，把短视频直播当作公司发展的新模式。从人员组织架构和后端业务管理模式都围绕直播平台特点布局。

对新媒体平台的新趋势，传统企业可以根据自己的规模来布局。

大型企业新媒体策略：微信是强关系，以服务销售为主；微博是弱关系，以营销和品牌推广及 PR（公共关系）为主；头条、抖音和快手是新的流量入口，以信息流及个人 IP 为主。

中小型企业新媒体策略：抖音、快手拉新、微博宣传和微信销售。中小企业发动全体员工做企业私人 IP 号和打造朋友圈，比做其他新媒体平台公众账号，比如公众号、微博、直播短视频等靠谱很多，原因是：①建立信任。进店让员工加他的私人号，进店的人信任度已经不需要再建立；②精准。都是对企业感兴趣的用户；③一对一沟通。活生生的人比企业机器更容易沟通；④容易变现。目前微信只有私人号可以直接收款。

什么是企业私人 IP 号？是以企业名义注册的私人微信号，由专人管理。如果一个公众号、微店小程序或者淘宝客服和你对话，你会认为是企业行为的推销，可能不会理睬。如果企业私人 IP 号和你对话，你认为是一个人在和你聊天，就会购买。

企业私人 IP 号粉丝的销售转化率是微店、微商城和淘宝店的 10 倍，比公众号、微博、短视频直播和头条等渠道粉丝转化率高 100 倍。绝大多数人不明白这一点。

目前快手、抖音的带货模式对传统企业吸引力有多大？

2019 年 11 月底，触电会会员、快手电商带货变现第一人王爹跟我说，他上周和十几个传统化妆品经营者吃饭，十几个人都要向他学习快手带货，一次十人饭局他就收到上百万元快手培训费，十个经营者面对如此高额的报名费，没有丝毫犹豫，哀求他 3 个月后抽空培训短视频带货的知识。

很多传统企业经营者决定做抖音、快手平台的短视频和直播，第一时间想到的是希望找一个 MCN 机构帮助自己代运营账号，希望借助他们的专业能力，帮助自己的团队能够快速地完成从 0 ~ 1，进行抖音、快手或者腾讯直播的运营。

我建议传统企业经营者最好培养自己的短视频运营团队，同时借助外部专业资源或者 MCN 机构的帮忙，或者参加一些培训，核心也是培养自己的团队。因为只有自己的新媒体团队对自己的品牌才是最了解的。

传统企业经营者可以参考一下百果园的操作方法。

百果园的抖音团队只有 4 人，分别负责策划、导演、拍摄和后期制作剪辑。他们做抖音只做了七个月，整体的播放量超过一个亿，沉淀了上百万粉丝。这些粉丝在抖音平台上还有一定的购买行为。

如果在传统的电视广告或者是电梯广告上想要达到这样的效果，不仅有上亿的播放量，还有实际的购买，没有上千万元的营销费用是做不到的。但是在短视频直播时代，仅仅 4 个人的团队，半年的投入就做到了这个效果。

所以我建议传统经营者可以抛弃传统的广告形式，将注意力和资源投入到短视频直播平台。

在短视频直播时代，如何全面布局新媒体？

1. 树立以人为中心的新媒体思路。新媒体不是以宣传公司为主，而是宣传个人 IP 为主。

2. 找好定位及目标人群。新媒体瞄准目标人群的需求。

3. 做好内容。50% 是专业行业内容，50% 是个人生活与娱乐内容。

4. 布局新媒体矩阵。主要做微博、抖音、快手、短视频、公众号和私人朋友圈。

5. 做转化。将所有渠道粉丝都引流到私人微信号，一对一成交或者社群成交。

触电会会员可乐想做个珠宝社群，我给他的珠宝社群做的规划就是按照上文的思路：①社群以珠宝人为中心，不是以珠宝企业为中心；②社群定位是卖传统珠宝人转型机会，这个内容是目标受众最关心的，能锁定精准粉丝；③布局抖音、快手、微博和公众号的新媒体矩阵，吸引流量沉淀到个人微信号里，一对一沟通，做好朋友圈运营，以此吸引 1000 个珠宝经营者，做社群成交。

这就是传统企业布局新媒体和做社群转化的完整思路。

我还给了一家美妆经营者桂总一些建议，①要抓住美妆短视频的机会，文字时代已经过去；②不要满足美妆媒体信息化层面，要做美妆解决方案媒体（美妆行业如何做微商、如何做短视频、如何做社交电商社群等解决方案，卖传统美妆行业转型机会）；③必须加强创始人阿桂的个人 IP 打造。

现在他的美妆抖音号已经开始运营，也跨进到短视频领域。

我有一个触电会会员，是个传统经营者，线下生意做得特别成功，她是第一批参与腾讯直播的内测用户。第一次直播后她跟我说："我第一次微信直播特别成功，直播一场 1 万多人气，成交了近 3 万元，特别感谢触电会，给了我们链接最新短视频红利的机会。"

对我这个会员来说，重要的不是一场直播成交了 3 万元，而是这一次腾讯直播让她找到了企业转型的方向。有实力、有资源的传统企业，只要插上短视频直播的翅膀，业务会一飞冲天。

作为传统企业经营者，如果已经将短视频直播当作自己的粉丝来源新渠道，那么你下一步需要建一个新群，自己做群主，进行社群运营，沉淀后端用户。这个动作会让你不花一分钱投入，但业务至少翻一倍。

那么，哪些粉丝需要拉入你的社群呢？我觉得是这五种人：①用户；②合作伙伴；③业界人脉；④同学和朋友；⑤抖音、微博、微信公众号的粉丝，需要筛选后拉进。

进入这个社群你一定要收费，因为免费群没有人珍惜。将你所有人脉资源通过微信群整合，然后好好运营，收入大涨是必然的结果。

第八章

个体创业者在短视频直播的机会

个体创业者可以从以下五方面看待短视频直播。

1. 信任度更加容易建立。以往图文方式时，双方信任度建立时间较长，不利于创业者短期变现。现在短视频真人出镜更容易积累信任。

2. 情感链接更加深入。微商或者个体创业者之所以能崛起，双方有情感、有温度的链接起到极大的推动作用。短视频能实时让双方连麦，线上面对面交流。

3. 卖货渠道更广。以往一对一或者社群卖货，现在短视频直播能一对多，甚至多对多卖货。

4. 传播直径变大。快手可以直接分享到微信，腾讯直播更是和微信无缝连接，主播在私域流量池里的传播范围更广，影响力更大。

5. 真正开创 5G 新零售局面。短视频带货直播能无缝与各行业结合，是目前能跟移动互联网结合得最深、最简单的新 5G 时代的创业模式之一 。

▷ 给个体创业者做好短视频的三点建议

2019年，我开始投入100万元做抖音和腾讯直播、快手，有许多经验，也有许多教训。在本章节，我以个人的经历分析个体创业者如何通过短视频直播来创业。

我是一个对行业变化比较敏锐的自媒体人，在前十电商自媒体和前十科技自媒体、前十互联网自媒体人中，目前为止大概只有我一个人将短视频直播做起来，进入短视频时代。

短视频直播成功的经验，总结起来有三点。

1. 内容必须接地气，毕竟草根阶层基数比较大。

2. 拍摄风格极致稳定，不要秀自己

吃饭、旅游或者工作等各种风格的视频，这也是很多成功者的必备特质。

3. 长期坚持才能做起来。

短视频直播的核心

短视频直播的核心关键词主要有垂直细分、知识抖音、揉碎、互动大于内容、私信电子书、社群招代理变现和坚持等。

垂直细分是在做短视频定位时，内容要垂直细分。我的短视频内容定位就是做知识创业类抖音号。

短视频内容因为有时间限制，你最好一条视频只说一个观点、一个内容或者一个故事。

私信电子书是沉淀用户到私人微信号很有效的手段。比如我在我的抖音号签名上标记“私信我，拿我的电子书”。然后我用网盘的形式给粉丝发送电子书。电子书上有我的私人微信号，从而实现了吸粉。

社群招代理变现是将沉淀至微信个人号的粉丝，通过社群运营的方式，增加粉丝黏性，让粉丝购买自己的产品。

将短视频直播平台上的粉丝沉淀至你的私人微信号，这一点非常重要。把粉丝沉淀至自己的私人微信上，你就不需要讨好平台，不担心在平台上被封杀。我的微博每年亏 100 万元，抖音每年亏 100 万元，快手每年也亏 100 万元。没有关系，因为我的收入来自我私人微信号。

“自建粉丝池”是触电会社群提出的一个新概念，一个企业在淘宝、京东上销售额过亿元，长远来看，其价值不如微商自己卖 100 万元。因为你在淘宝、京东的粉丝都是平台的，你只是大海里的一滴水，用户和你没有关系。粉丝随时都可能被平台收回。而传统企业做微商的粉丝，是企业自己控制，在自己的粉丝池里，只要你好好养着，可以让你持续赚钱。

如果你有10个私人微信号和10个微信群，召一个助手，招募1000个微商代理，你一年能赚多少钱，很好算。

个体创业者尽量不要自建APP，成本比较高。你需要广挖渠道，比如快手、抖音或者腾讯直播等，然后将粉丝导入个人微信号或者企业私人号（用企业名义开通的私人微信号），自建社群，一对一沟通，就形成了自己的粉丝群。

这个模式长久、可控，成本也比较低。

沉淀在私人微信里的粉丝还需要分级运营。一般情况下分为四个级别。

1. 转发聊天型：纯消遣，无收入，无价值。

2. 卖货型：针对消费者，每天刷屏30条以上，有一定收入，但仅靠产品刷屏较难维持。

3. 公司型：对公司负责，培育公司潜在客户、吸引客户和粉丝主动购买。

4. 个人IP型：在朋友圈打造个人IP影响力进行推动，有人追随就能创造财富，价值无限。

我在 2018 年下半年开始做抖音号，到 2019 年 5 月，我的抖音粉丝突破 50 万，我在今日头条、微博和微信上都发了庆祝博文。今日头条 1600 个粉丝发来“贺电”，微博 380 个点赞，朋友圈 191 人点赞。

大家可以学我，自己有一点点的进步，就高调秀出来，对自己是一个正向激励。

有些人开始运营抖音账号时想着买粉丝，这种虚假方式没用。在抖音上千万不要买粉丝，官方系统知道后，不管你的内容多好，也要对你的账号降权或屏蔽，账号也不会被官方推荐，你的抖音号就很难做起来。

抖音视频要想上热门，其实是在玩流量池“闯关游戏”，通过视频内容去面对抖音后台的机器评分，评分的标准分三方面：完播率；转发量；评论量和点赞数。

如果评分越好，你就能够在抖音设置的进阶流量池里面不断“闯关”。

抖音第一个流量池：200 ～ 500 人次观看量；第二个流量池：2000 人次左右观看量；第三个流量池：10000 人次左右观看量；第四个流量池：10 万人次左右观看量。以此类推。最后播放量会到长期推荐流量池，获得 1000 万至 5000 万的点赞数。

我的抖音账号因为一条搞笑视频火爆，获得了 20 多万的粉丝。我并不建议大家用这个策略。因为这一条视频，抖音平台根据自身机制给我的抖音账号贴上了剧情搞笑的标签，不利于账号的后续发展。因此，这些增量粉丝对我来说也没有什么价值。

我做抖音一年，前半年是视频讲课，内容太枯燥，粉丝增长比较慢；

后半年是演戏，做剧情类内容，粉丝活跃度高好多，但粉丝不是我想要的。2020 年开始，进入我的抖音策略第三阶段，场景化干货阶段，从我的书中摘录我的观点与金句，在合适的场景表达出来，既避免了单纯讲课的乏味，也避免了演戏带来的非精准粉丝。

用了这个策略后，我的抖音粉丝增长了 10 万，其中有几人已经加入我的触电会，成为我的会员，同时我也卖出了几百本书，几十张 2020 年度“818”千人论坛门票。虽然粉丝增长速度慢，但基本是精准粉丝。这个策略对我来说是对的。

作为一名个体创业者，我给大家一些务实的建议。如果你选择了短视频直播，一方面要用好你能自由支配的时间，另一方面需要坚持。

短视频直播给个体创业者的机会

有个粉丝曾经咨询我，她在深圳 8000 元一个月都养不活自己（深圳市区一房一厅租金 8000 元左右），应该怎么办？我问她：“你业余时间一般做什么？”她回答：“我周末业余时间在学音乐、舞蹈和瑜伽。”

说句务实的话，这些没有经济效益的爱好，对一个自己创业的年轻人意义不大。你应该学习如何赚钱，这才是第一位的。我就建议她放弃自己的这些爱好，学习拍抖音、快手、做微商等赚钱之道。我告诉她说：这些知识目前来说，比你学舞蹈、学钢琴的价值更高。

我一年虽然收入不低，公司也有总经理在管理，但我即便在外旅游，每天依然坚持写 20 ~ 30 条朋友圈，花 80% 的时间维护自己的自有粉丝池，即精准粉丝，花 20% 时间维护微博、头条和抖音等渠道粉丝。

你的时间花在哪里，就表示你的策略重点放在哪里。我觉得自己可能是中国自媒体人中将全部精力和时间都花在运营私人微信号和朋友圈的人之一。

在平时生活中，你只要细心观察，就会发现已经有很多普通人通过抖音、快手短视频直播平台实现了创业第二春。

2019 年 8 月，我去深圳一个抖音网红理发店理发。理发店在 11 楼，自然实体店人流流量几乎为 0，但生意很火爆，比一楼客流量大的理发店生意好很多。他们主要靠抖音引流，抓住了短视频直播的机会。

如果在以前，门店装修和租金成本门槛太高，他们很难自己跳出来单干。现在短视频直播给了他们机会。因此，现在大部分靠实体店人流流量支撑的生意，如果你不转变观念，将会逐渐被这个社会淘汰出局。

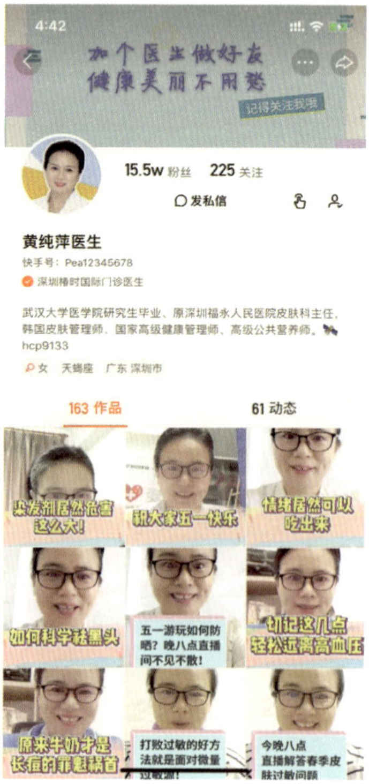

抖音、快手给了在传统行业有一技之长的人一次机会。

有一名皮肤科医生，从业 20 多年，现在做到快手几万粉丝，每天都有几十人私信问她皮肤相关问题。她准备利用这些粉丝流量开一间工作室，一旦跳出医院做成功了，她的收入将比在医院工作多很多。

触电会还有个会员安爸，家在东北的

一个小城市。他之前是一名普通的宠物店医生，刚开始月收入1500元。他在没有看我的微博前，一分钱工资外收入都赚不到。他看了我的微博后学到了我的经验，通过快手积累的粉丝变现，现在已经是快手排名第一的宠物医生，年收入大幅上涨。

这个时代，只要你有一技之长，只要转变思维，去做抖音或者快手，成功就是大概率事件。

微商团队长或者创业者群体，我不建议他们做巨头们做的项目，而应该是去做巨头生态下的小创业者。

一个触电会会员三个月前在顺德建立了一个20多人的短视频队伍，咨询我如何在短视频直播领域掘金。我给他的建议是：做顺德家电企业的短视频直播培训、咨询、拍摄和代运营服务，因为短视频直播正是风口，要高收费。我还帮他查看了相关数据，顺德所有千亿家电企业，如格兰仕等，抖音、快手账号的粉丝才几千到几万，2020年他们一定会布局短视频直播，然后就是服务商的机会。

我这个主意让他们迅速收一笔现金到账。培训短视频是一个赚快钱的领域与风口，但也只能在2020年这一年赚。

触电会会员杜仙咨询我关于短视频直播创业的机会，我给了她两个创意，一是做情感剧情短视频。目前情感短视频都在讲干货，还没有短视频演剧情的，如两个演员，一个演老公出轨，一个演老婆伤心，然后她出镜咨询后，老婆老公和好了。坚持做肯定能火起来。二是做情感一对一直播。目前的情感服务商大多数是电话咨询，那么情感一对一直播就是一块巨大的空白市场。

对传统行业的创业者，下面这个案例应该会有一定的参考价值。

2019年年底，有两个触电会会员，他们做传统服装生意，面临传统服装生意整个行业都在下滑的局面，咨询我该如何转型。我给了他以下建议：①服装，特别是非标准化的女装，绝对不能做代理微商模式。微商那么火爆，还没有一个成功的服装代理微商；②服装经营者都有行业资源和顾客资源，那么做其他品类护肤品或者保健品微商代理，很容易成功；③直播带货风口已经到来，卖服装的要去尝试并抓住风口。

目前抖音、快手上已经有非常多这样卖服装成功的案例，直接模仿照搬就是，风口期，只有你动作对了，就能飞起来。

做自媒体的创业者，要把握好以下几个趋势：①付费升级趋势：从卖产品，到卖生活服务，到卖知识；①短视频化趋势：短视频直播成为自媒体的标配，从文字时代走入图片时代，再到短视频时代；③电商化及微商化趋势：自媒体最终要出来卖东西，那卖代理比卖产品要高级；④社群化趋势：做好铁杆付费粉丝的运营，他们变现最快；⑤从内容到互动的趋势：自媒体仅有内容绝对不够，互动大于内容；⑥新自媒体趋势：线上线下结合。

七年前最火的是微博和电商；四年前最火的是微信和微商；现在最火的是抖音、快手和腾讯直播。无论平台怎么变，有价值的内容没有变，本质没有变，竞争力没有变，一批追随你的人没有变……

第九章

短视频直播实战案例详解

实践是检验认识真理的唯一标准。本章我邀请了 9 位触电会会员分享自己在短视频领域所获得的成功经验。他们分别是王青海、张阳、李荣鑫、元召、丰年、林煌、明道妹妹、安爸、李新星。

他们来自各行各业，有创业者，有大公司的经营者，也有普通人。这也说明了，无论你来自哪里，是什么人，只要抓住短视频这个风口，学会玩短视频，找准自己的定位，就能成功，创造财富，名利双收。

短视频的下半场：从粉丝流量比拼到商业效率之争

分享嘉宾　王青海

触电会会员，启视传媒创始人。短视频半年涨粉 5000 万，并实现多种模式变现，累计变现数千万元，代表账号 Mr.Pea 逗逗先生全网粉丝超过 1300 万。

短视频的下半场，我认为是从比拼粉丝流量转变到了比拼粉丝变现效率。真正能变现的粉丝才是粉丝。我们为什么现在做短视频，因为短视频代表流量红利。

互联网不变的是流量，有流量就有了资源，就有了财富，就有了创新机会。

互联网变化最快的也是流量，每年都有新的流量机会出现，每年小流量的机会跟当时的行业有关，比如像 O2O、智能硬件或者互联网金融。

每 3 ～ 5 年会有一波大流量的机会，跟每个人都有关，每个人都有机会抓到财富。

红利期的三个发展趋势

任何一波红利期，都有三个发展趋势。

1. 野蛮增长期

像现在我们看的短视频，最开始是野蛮增长期，你即使是用很粗糙、用搬运的形式来操作，你都可以涨粉。但这种形式时间很短，可能只有 1 ～ 2 个月时间。你发现这个形式，就快速跟进。

2. 创意增长期

第二段时间，从现在开始，如果大家关注的话就知道，已经有了很多更专业的机构，或者更专业的策划团队进入短视频领域，这就使短视频进入一个内容增长期，也叫创意增长期。

创意增长期对项目的整体团队要求更高，红利期只有 3 ～ 5 个月，你要不停去想创意，将音乐、剧情、画质等因素做到极致，还要熟悉平台，懂客户，才能超越对方。

3. 付费增长期

创意增长期后的阶段叫付费增长期。付费增长期，就是说你能给这个平台带来什么价值。包括目前在抖音有一波赚钱红利，但这个赚钱红利其实是在薅平台羊毛，并不能长久，需要改进。但我们更希望能找到付费增长期，给平台带来价值，这样的账号才有意义。

我总结了一个网红定位公式，优势 + 变量。每个人其实都可以找到自己的优势，但是真正的核心不是你的优势，而是找到你的变量，找到你的特殊定位。

网红定位公式 =S 优势 +X 变量

S 优势 = 擅长、熟悉的领域

X 变量 = 性格、粉丝需求、流行爆款、热点……

我们有一个账号，憨豆模仿秀。这个账号的优势就是憨豆的一个替身，他的真正变量，是贴近中国观众，去找中国传统文化和中国粉丝的需求。

S优势=憨豆模仿秀

X变量=粉丝的童年回忆、
中国传统文化热潮、
抖音/网络热点

我们作为一个模仿者，粉丝数量跟对方不相上下，作品数量远远少于对方，但评论点赞远远超过对方。为什么？我们的内容更接地气。我们找到了这些变量，才保证我们整个账号脱颖而出，远远超过对方。

中秋祝福
286.9w赞

小黄鸭舞蹈
238.5w赞

试试老干妈
139.8w赞

变身猫和老鼠
141.4w赞

抖音快手两种涨粉方式

抖音和快手有两种涨粉方式，一是挂榜涨粉，一是内容涨粉。挂榜涨粉就是靠去刷别人账号吸粉，成本很高，平均要 7 ~ 10 元一个粉丝。

我们选择的是内容涨粉。比如我们给王爹的定位是科学护肤不走弯路，基于这个定位，多维度展示他的专业。

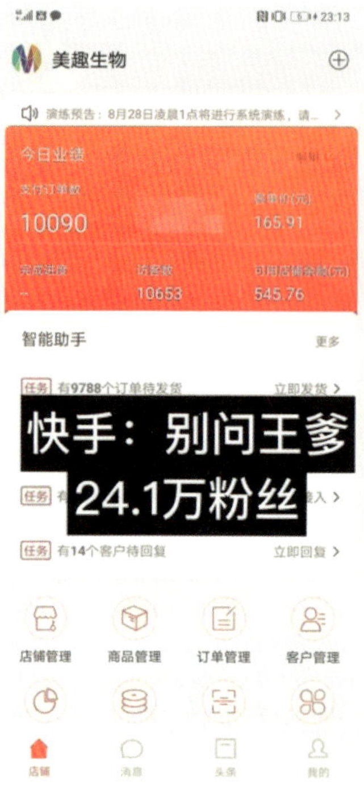

左图可以看到，我们一个 20 多万粉丝的小网红，超越了很多几百万上千万粉丝的大网红的变现效率。整个账号涨粉排名连续三天上升。

所以说，我们不仅仅是做到了行业第一，我们还有很多新的玩法。

建立家族社群

1. 进入社群门槛

有很多人说建社群是不是直接拉个群就可以了？我们建社群，是有社群门槛的。首先你必须是我的购买用户或者购买粉丝。其次，我们有视频面试，你必须录个视频介绍你是谁，你在哪里，你是哪个行业的，你为什么想加我的社群。

我们社群首先挑选年轻貌美的会员。因为颜值才能代表我们社群的一个实力。其次要口齿清晰、伶俐，还需要有一点专业背景。

到目前为止，我们已经建了 20 个社群，这些人都是我们的铁粉。

2. 社群复购裂变

我们建社群除了送粉丝福利，更主要的是追求更大利益。可以在社群里做复购或者推荐其他产品，因为我们直播的产品利润很低。

比如在王爹的家族社群里推 15 元的面膜，一个群可以成交 3000 片，这个数据还不错。而王爹之前是卖一款减肥产品睡眠瘦，在社群里面也能卖得非常好。

我们提出了短视频的三级火箭理论，就是通过内容塑造 IP 涨粉，通过直播成交转私域流量池，再通过社群实现复购裂变，最后实现我们粉丝的超高价值转化。

所以，我们的一个 20 多万、30 多万粉丝的账号，不管商业价值还是商业变现，效率都远远超过千万级粉丝的账号。这就是我的一个观点，短视频下半场，从粉丝流量比拼升级为商业效率之争。

复制属于自己的“王爹”

在现阶段，我们想复制一个辛巴、复制一个薇娅或者复制一个李佳琦，其实很难，但是每个企业可以复制一个自己的“王爹”，打造一个自己的带货网红。

用这个方法，我们后面又复制了一批账号。

我们做了一个“唐唐”的账号，她其实是个护肤达人。一个月涨粉 3 万，50 天涨粉 5.9 万，运营效果很好。第一场直播卖了 133 单，第二场直播卖了 461 单，第三场直播卖了 551 单，目前已经可轻松成交 800 ~ 1000 单。

为了让更多人能分享到短视频直播市场的红利，我们又孵化一批小微账号，比如，林佑林这个账号，粉丝只有400多个，一场直播也成交了300多单，3000多元。

这个账号为什么能做出来？一是它前面有王爹、唐唐等一大批账号，很多经验可以直接复制。二是有王爹和唐唐这种很多爆款的数据，就有供应链做支撑，可以支撑我们做好。

账号运营没有问题了，那下一步我们需要做的是什么？是布局短视频平台，一个最小单位，矩阵。

很多人一做就是：我想做个千万级的大号，这个想法在现阶段很难实现。但是做一批王爹、唐唐这类账号，是很有可能的。

轻松玩转腾讯直播

分享嘉宾　张阳

触电会会员，水松学院创始人，他的水松学院专注短视频直播，是腾讯直播正式授权服务商和快手官网推荐服务商。

我做腾讯直播大概十个月时间，我从我的维度理解，腾讯直播，原名看点直播，是腾讯官方出品的微信生态中的一款直播工具。如果我们在网上百度，起码能找到十几个品牌说自己是微信直播，但其实只有腾讯直播才是真正能微信直播的。

腾讯直播入驻方式

腾讯直播入驻方式有三种。

第一种是微信直播小程序。第二种是直播界面可以跳转到你自有的小程序，这种适合稍微大一点的商家，他们会有自己的小程序合作。第三种是腾讯直播嵌入到你自己的商务团队。

后两种直播方式开发起来需要跟腾讯对接技术。所以，我在本文中介绍的腾讯直播主要是第一种，微信直播小程序，这种是符合更多中小微商的合作方式。

腾讯直播有视频语音和推流两种形式。视频语音直播可以理解为你是一个电台主持人在讲课，是大家常用的一种直播方式。推流就是机位，有些直播它会切换机位，而不是推数据。

腾讯直播七大优势

1. 官方背景不会被封。

腾讯直播就像是腾讯的亲生儿子，是微信生态环境，一般不会被腾讯屏蔽。另外，腾讯直播是在自己的私域流量内直播，其他直播是平台的公域流量。粉丝流量来源不一样，玩法和套路也不一样。

同时，腾讯直播拥有最好的程序员队伍；具有最好的稳定性，直播时一般不卡；有持续的开发和迭代；平台使用费低；有朋友开玩笑说腾讯直播可以叫雷锋电商。只要你自己有做过直播，就知道其他直播平台的使用费多高。

2. 直接引流裂变。

腾讯直播可以直接放你的微信号和微信二维码，官方还提供工具，允许你粉丝裂变。而其他直播平台都不允许在直播时提自己的微信号。

赵文静是我的一个会员，是一个微商团队长，她在 2019 年 9 月底开始做微信直播，一共 256 个粉丝订阅她的直播间，直播结束后，有 70 多个人添加她的微信号。

我们知道很多微商现在到处买粉丝买流量，一个流量差不多需要 100 元。那赵文静一次直播新添加了 70 个好友，价值 7000 元了。

3. 下单转化率高。

腾讯直播下单时不需要跳转，可以直接在微店下单支付，完美闭合。因此下单转化率高，特别适合中小微商的私域流量快速变现。

4. 边微信聊天边听直播。

如果你是微商，每天晚上跟代理不断交流，你还想看直播，需要 APP 之间互相切换，其他直播平台不能让你实现这个想法，而腾讯直播可以。你可以在直播的时候点击头像上面的耳麦，直播界面隐藏，主播的声音你一样能听到，你微信聊天结束，再切换到直播界面就好。

5. 拥有回放功能。

腾讯直播可以回放，回放的时候一样可以下单购买，你在实时直播时，这个视频就是一个直播，当直播结束，它就变成了交互的短视频。目前只有腾讯直播可以做到这样的用户体验。

回放的作用是什么？

我们经常会遇到有人重复问你产品问题，我们就需要不停地给对方解释说明。省事的做法是把常用话术全部复制好，有人重复问时再发给对方。

有了腾讯直播的回放功能，你就可以直接把回放发给对方，产品介绍、下单购买链接都在，极大提高了自己的工作效率。

回放功能最大的运用场景，我觉得应该是社群拼团，这对社群平台是一个极大效能的提升。因为你还没有入场，就已经有人在用。

腾讯直播的操作可以是品牌方，也可以是团队长，他们通过微信直播直接录像产品，然后直播链接发培训社群就可以了。

以前做社群传播，你是用微信社群 + 文字接龙在卖货、卖培训。现在做社群，你可以用微信社群 + 腾讯直播，让客户通过视频，更直观地了解你的产品品质好坏。

6. 优惠券引流。

腾讯直播间有两种功能的优惠券。

一种是某个产品的单品优惠券，主播可将特定的优惠卷和商品相结合，选择单品券发放，吸引粉丝购买；一种是全场通用优惠券。只要粉丝帮你分享直播间，把直播链接分享到自己的微信朋友圈和微信群，就可以领到一张优惠券。

7. 直播中加粉丝群，投放广告。

这个操作腾讯直播还未上线。

玩过王者荣耀游戏的都知道，游戏里有一个功能叫做看“右上角微信加群”。如果这个功能放在直播间里，直播间的好友可以直接加到微信群，对应管理粉丝，效能多好不需要多做解释。

如果朋友圈里可以放直播间的广告，就是对直播间进行广告投放，传播效率有多高？

腾讯直播注意事项

腾讯直播最牛的地方，一是允许把粉丝导流私人微信号，二是零直播技巧也能有成交。那我们在做腾讯直播需要注意哪些操作细节呢？

1. 账号开通后 10 天内必须直播一次，时长大于 1 小时，直播间人气大于 500，否则大概率会被取消直播资格。

2. 不允许卖模式、卖代理等类似涉传擦边球。如果你这样做账号会被直接封杀。

3. 腾讯直播目前只允许苹果手机用户参与。

抖音卖货实战详解

分享嘉宾：李荣鑫

正善食品 CEO，牛人星球创始人。抖音第一带货达人牛肉哥操盘手，2019 年度“双十一”抖音好物发现节 GMV（成交总额）No. 1（抖音统计）；一年中有 300 天位居抖音达人带货榜第一名。

为什么要了解短视频时代的机会？因为如果玩抖音、快手，不了解机会在哪，在前进路上你永远找不到本质是什么。

早期红利 = 被“两微时代”错过的增量用户

那些被“两微时代”错过的用户，就是现在抖音早期红利的增量用户。这些人的用户画像是怎样的呢？

这些用户被抖音、快手短视频激活了，形成了抖音、快手短视频的上半场红利。玩抖音的人，30% 未在淘宝上购物，快手用户 40% 没有下载淘宝 APP。

01

更加懒惰的用户

02

更加贪图短期满足感的用户

03

更加贪图感官刺激的用户

04

据2018年末抖音官方披露，抖音有30%用户手机内从未安装过淘宝APP

这样的用户，我们应该怎么去获取呢？

1. 增量市场的“低价效应”

比如，某超级大V（抖音3000万粉丝），12.6万点击量才卖了128单，另外一个不知名的抖音小V（卖一模一样产品），30.9万点击量，卖了26万单。

名次	2019/5/7 抖音好物榜食品饮料类目								
	品类	产品	裸价	点击量（W）	模式	店铺	店铺销量	店铺所属厂牌	带货IP
1	水果	樱桃	69	30.9	自营	小店	268063	春漾旗舰店	
2	水果	樱桃	119.9	12.6	开箱	小店	128	每日好货专营店	祝筱涵
3	水果	芒果	29.8	12.5	自营	小店	55522	本该时鲜旗舰店	
4	农产品	红糖	25.8	10.4	自营	小店	8583	丽江石榴哥金国伟	
5	水果	甜瓜	69	10.3	自营	小店	24980	鲜达果园	
6	水果	樱桃	99	10.1	自营	淘宝	1.5万+	鲜果多多企业店	
7	水果	贵妃芒	69	9.7	自营	小店	1786	大海边食品	
8	海产	龙虾	135	9.7	自营	小店	632	文哥海鲜馆	
9	水果	甜瓜	24.9	8.6	自营	小店	54436	鲜鲜果园	
10	农产品	皮蛋	29.8	8.4	自营	淘宝	1296	U[2200790558925]	
名次	2019/5/8 抖音好物榜食品饮料类目								
	品类	产品	裸价	点击量（W）	模式	店铺	店铺销量	店铺所属厂牌	带货IP
1	水果	樱桃	69	30.9	自营	小店	268454	春漾旗舰店	
2	水果	樱桃	119.9	12.6	开箱	小店	129	每日好货专营店	祝筱涵
3	水果	芒果	29.8	12.5	自营	小店	55650	本该时鲜旗舰店	
4	农产品	红糖	25.8	10.4	自营	小店	8588	丽江石榴哥金国伟	
5	水果	甜瓜	69	10.3	自营	小店	24987	鲜达果园	
6	水果	贵妃芒	69	9.7	自营	小店	1788	大海边食品	
7	海产	龙虾	135	9.7	自营	小店	635	文哥海鲜馆	
8	水果	甜瓜	24.9	8.6	自营	小店	55593	鲜鲜果园	
9	农产品	皮蛋	29.8	8.4	自营	淘宝	1310	U[2200790558925]	
10	乳制品	酸奶	12	7.7	自营	淘宝	1846	terun天润多能特专卖店	

69 现象：价格基于 69 元区间的品类，销量基本不会很差。

3V3 怪现象：3 位数的单价只能卖 3 位数的销量。

名次	2019/5/9 抖音好物榜食品饮料类目						
	品类	产品	裸价	点击量（W）	模式	店铺	店铺销量
1	水果	樱桃	69	28.5	自营	小店	268454
2	水果	樱桃	78	16.3	自营	淘宝	4万+
3	海产	龙虾	135	14.1	自营	小店	420
4	海产	龙虾	238	13.8	自营	小店	687
5	水果	樱桃	119.9	12.7	开箱	小店	134
6	水果	樱桃	78	11.6	自营	淘宝	4.5万+
7	海产	龙虾	135	9.8	自营	小店	660
8	水果	芒果	69	9.7	自营	小店	1815
9	土特产	皮蛋	29.8	8.5	自营	淘宝	1697
10	海产	龙虾	238	7.9	自营	淘宝	355

为什么会出现这样的惨案?

只要你的客单价超出我尝试的底线，我就拒绝。早期的抖音市场，消费者并不是笨，而是不会去深入计算。

中后期红利 = 抖音的广告潜能

从 2019 年下半年到 2020 年甚至往后更长一段时间，从商业化角度看，我认为最大的红利是抖音本身的广告潜能。抖音和快手的下半场，出现了算法和流量分配机制，这也将带来机会。

ROI 视角和 GPM 视角看两个投放的例子，我们会发现这里的矛盾。

	ROI 视角	GPM 视角
CPT 费用：1 万元 播放量：2 万次 成交额：3000 元	0.3	150 元
CPT 费用：2 万元 播放量：300 万次 成交额：10 万元	5	33.3 元

传统的人只会从ROI视角下看问题，我花了2万元，播放量300万次，爆了，成交了10万元，ROI是5，赚了。

问题是爆款带有随机性，这是由抖音和快手的算法决定的。爆款的不确定性需要用稳定来平衡。

我们需要从GPM视角来看问题。GPM才是王道，GPM是接轨下一个时代，就是进入“内容+投放”的时代。

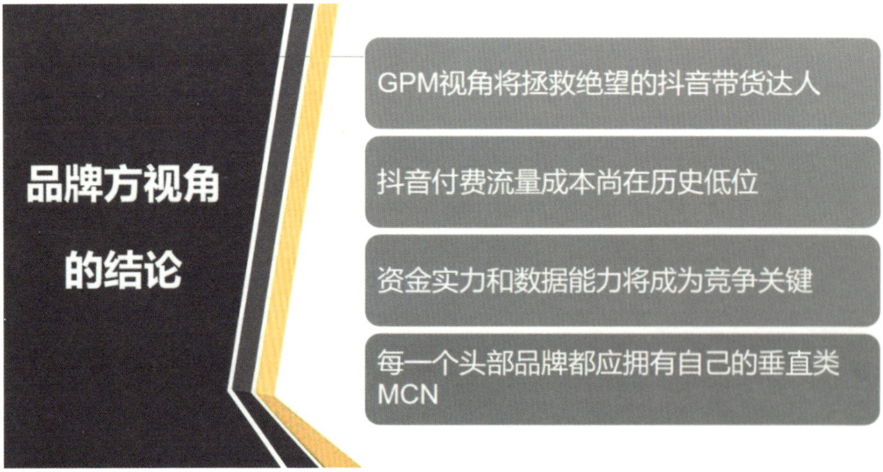

这两种算法为什么会产生巨大的差异？因为分母不一样，ROI视角的分母实际上取决于你的投放金额，你花了多少钱，这是单次。而

GPM 的分母取决于播放量，那个是稳定的变量。

抖音下半场，你要有钱投资，你还得看数据，这样才能让你更加赚钱。

美妆的 MCN 公司经营者应该是最幸福的了，因为有一个李佳琦。但是下半场的趋势是每一个头部品类都要有自己的李佳琦。

中后期红利 = 迷茫的品牌主群体

中后期会面临两个问题：一是对直播和短视频的异同缺乏认知；二是运营能力短缺——从选品到投放。

正是因为有认知的巨大差异，中间便有了很多服务机会。在选品、规格、定价和上架细节等方面，很多商家没介入过抖音所以不知道。在抖音小店或者抖音精选联盟上架的产品，产品底图一定要干干净净，绝对不能搞天猫的头图直接放上去。

从迷茫中醒悟过来的人，往往是能抓住机会的。因为你知道，别人不知道，而且你也知道别人不知道，这就是机会。

短视频电商需要的五大核心能力

公众号是比较典型的纯内容电商，本质上属于杂志新闻的线上化。纯社交电商，实际上是熟人个销，跟当年的安利没有本质区别。区别最大的是今天的红人电商，很多人把它比喻成电视购物，我认为不管是直播还是短视频，跟当年的电视购物有本质区别。

在电视购物的场景里，是单向传播，我说你听。在直播间和短视频里，双方是互动的，可以通过弹幕跟评论交头接耳，粉丝之间可以交流，这像什么呢？会议营销。

会销非常重要的一点就是主持人（主播）要有控场能力和交易能力，还要有用户整个心智的把控能力和节奏感。

用户心智管理能力

1. 黑粉。抖音上有很多这样的例子，比如美食类有个大号叫 ×× 德子，他的抖音直播就有过非常惨痛的经历。

黑粉认为商业本来就是有原罪的，所以他的口吻是这样的：“哎呀，×× 德子，我看错你了，你怎么能卖货呢？”

×× 德子有 3000 多万粉丝，里面但凡有 10% 的人是这种论调，大家想象一下他的直播间和评论区，会是什么样的画面。这件事情是会传染的。

2. “圣母”心态。这种人会说：“你不符合商业竞争原则，你做人不能这样，你自己卖你的产品，你也不要贬低别人。”

3. 魔鬼附身。牛肉哥最典型，我跟牛肉哥说你黑粉多，别人天生会觉得你是奸商，就觉得你是骗子。

我们有一个系统叫粉丝画像提纯工程，是在抖音上拉黑粉丝最多的一个帐号，在我们自己的新版后台管理软件系统里，已经具备了基于关键词全自动删评论功能。

内容成本控制能力

我们一直宣传供应链内容化。可进入到短视频时代，你会发现那些看似更真实、甚至粗糙不加修饰的生活画面，比如原产地采买的画面，更能获得消费者的信任。

如果你想清楚了要卖什么，整个生产、供应链、储运、招聘甚至商务谈判的过程，都是品牌内容的一部分。

内容分发控盘能力

基于供应链内容化，我们还有一个核心的打法，就是分发机制。

供应链内容化的长度比一般的创意性内容制作周期要长，可以做成类似连续剧的模式，让消费者始终对这件事情有非常强的关注度，同时因为是连续剧模式，还可以经常重播。

付费场景唤醒能力

你可以基于产品类目和行业，选出一些可以流行的、甚至可以被模仿的有社交属性的语言或者动作。因为想让一个人买你的东西，不是说服他购买，而是要解决他怎么说服他的朋友购买。

规模化投放能力

知道怎么花钱，这是一种能力。很多公司经营者因为投放的数据不及时，无法做出即时的决定，导致亏钱。我们研发了一个系统，天行者系统，好的视频我们可以即时加量，投放差的时候我们可以及时止损。

我个人认为 KOL（Key Opinion Leader，关键意见领袖）并不是整个红人生态的终极形态，而应该是一种更先进的红人资产组织形式，所以我发明一个词叫 Key Opinion Team。

比如李佳琦。

我没有计划去做美妆行业，但很多人都很喜欢问我一个问题：谁会取代李佳琦？他认为李佳琦一定会过气，但是谁会取代李佳琦呢？他很想知道结果，想预先投资。

我告诉他，能压倒李佳琦的很有可能不是一个人，而是七个人，比如说叫某某七仙女，七个仙女分别擅长不同的美妆领域，“群殴”李佳琦，每个人粉丝规模是李佳琦的七分之一，这是不难的，从而形成协同效应。

所以我觉得这是一种更先进的组织形式，能够帮助我们的机构或者有流量、资产、有资本化需求的企业去思考。

我认为 MCN 最好的出路是红人资产资本化的商业母体，或者说是法人主体。今天很多红人帐号代运营服务，最佳的终局是跟资源方和策略方形成共同的 MCN 机构，最后会出现 MCN 矩阵化。

你要明白，今天最重量级的品牌主，或者说有红人矩阵化、MCN 矩阵化需求的“爸爸们”还没进来，那就是微商。微商比谁都有厂牌意识。

所以，我的结论就是供应链和品牌方将全面入局。

快手直播卖货实战详解

分享嘉宾　元召

触电会会员，瓜瓜传媒负责人，公司主要做快手电商直播业务。旗下主播朱瓜瓜是快手美妆头部主播，转化率高。2019 年快手卖货节一场直播卖出 290 万元。

我是 2017 年底开始做快手，先做了一个账号，有 140 万的粉丝，因为一些问题被快手平台限流后又做一个账号，现在已经有 80 多万粉丝。

最近我在做一个直播机构，瓜瓜传媒，3000 平方米的办公基地，共有十个直播间，专做快手变现的美妆电商，一点不娱乐，只做一件事，就是卖货。

2019 年第三季度快手数据分析

我们都知道，现在比较好的两个短视频直播平台是快手和抖音平台，腾讯直播还正在内测阶段。下图是快手和抖音的一些数据对比。

	快手	抖音
APP MAU	4.3亿	4.9亿
APP DAU	2.2亿	2.6亿
9个月留存率	25-30%	25-30%
单日视频上传数量	3000万条	3000万条
直播用户渗透率	60-70%	40-50%
直播付费渗透率	15-20%	8-10%
广告收入	单月10亿以上	单月40亿以上
Adload	2.0-5.0%	12.0-14.0%
直播打赏收入	单月30亿以上	单月10亿以上
电商带货GMV	单月100亿以上	单月40亿以上

1. 直播用户渗透率

快手直播在用户渗透率方面做得比抖音好一点，并且这个数据只是直播的渗透率，还不是电商的系统倍数。比如快手的直播渗透率是 60% ~ 70%，40% ~ 50% 是带货主播，20% 是娱乐主播。

抖音直播用户渗透率 40% ~ 50%，跟快手 60% ~ 70% 差不多，但是可能它的电商类的组合会差 3 ~ 5 倍。

2. 电商营业额

每个月快手电商带货的营业额可达 100 亿元以上，抖音大概 40 亿元。我个人感觉，如果抖音纯靠直播来带货卖货，实际并没有那么高。直播卖货，快手收入大概是抖音的 5 ~ 10 倍。

快手是普惠型带货直播渠道

为什么快手叫普惠型带货直播渠道？为什么快手直播带货非常适合我们平常人？因为快手操作非常简单。现在在抖音平台，你至少需要1000个粉丝才能挂小黄车（购物车）。而在快手平台，你有6个粉丝就可以开播。

注册一个快手账号，连续7天观看1分钟视频，再发布作品，达到6个粉丝，认证一下身份，确保自己满18岁，满足以上条件就可在快手开通直播。只要你发作品，就会有粉丝，非常简单。因此，快手带货直播是全民都可以参与的一个带货直播品牌。

快手带货直播现在正在向三、四线城市发展，用户比例达到60～70%。抖音是一、二线城市人群偏高一些。可以这样说，现在抖音越来越快手化，快手越来越抖音化。但是两个平台的调性还是不一样，快手更接地气，更有江湖气息。

带货直播到底是网络化还是平民化？

许多人有一个观点，就是你是网红不代表你能赚钱。

不管是快手还是抖音，一两百万甚至三四百万粉丝的账号有很多，而每个月挣不到10万元、甚至5万元的也非常多，这是普遍存在的现象。

不是说你能做到200万粉丝，你肯定能挣钱，不是这样的，你是网红不代表你能赚钱。

如果你复制头部带货主播，成功的几率有多大？

我是这样认为的，复制头部带货主播，比如快手的辛巴，淘宝的薇娅和李佳琦，自己想做成这种超级头部主播，成功几率基本是零。

我们的做法是建一个直播矩阵，比如说一个主播每天能出 5 ~ 10 单，你的团队有 100 ~ 1000 人，那加一起一天就能签 1 万单。我们现在就是靠这种模式做快手。

“朱瓜瓜”是我们的快手账号，运营两年多，粉丝量排名在 10000 名后，直播转化率最高 105%，平均客单价 70 元。可以说我们做到了“三高”主播，高转化率、高客单和高复购。

根据我们的经验，我觉得做好直播，主要做好这三个方面：第一是“粉丝”，第二是会员，会员涉及到后期的供应链，第三是带货主播。

我们的小店特点是评分高、粉丝不高销量高、转化率高客单高复购高。

我们主播的带货能力很强，客户对我们的评分很高。客户的评分高，可以说明一个问题，卖的货质量好，客户满意。

我们一共有 200 个群，现在在群里用直播 + 社群结合的方式，总销量大概是 52 万元。我们的粉丝量，在快手大概排名 10000 名之后，虽然粉丝量不高，但是销量高。而在快手，百万粉丝级别以上的主播非常多。

我们店快手直播转化率最高时是 105%，就是我们直播间如果有 3000 人，卖一个新品最多可以卖 3150 单，平均客单价 70 元，在快手上已经非常高了。因为快手上的平均客单价大概是 19.9 元、29.9 元、39.9 元和 59.9 元。对复购，我们的老客户复购率是 88%，这是一家后台查出来的数据。

新手带货主播带货详解

早在 2017 年，当时还没有小黄车，我就给我们的直播做了定位，卖好货，做复购。我们不做一锤子买卖，不做一次性生意，这是我们做电商的理念。我们在快手直播带货是这样做的。

1. 直播间产品前期定位

我们在做快手直播时，秉承的营销理念是谨慎选品，比如我们正在做的韩束专属直播间以及卡姿兰等护肤彩妆大品牌。

2. 粉丝的购买习惯从你开始直播时形成

直播间粉丝的购物习惯和特点，从你开始直播时形成。因此，你不要刚开始直播就幻想用便宜货引流，不要幻想做秒杀引流或者做9.9元的活动引流。

如果你开始就定位低端产品，等到你后面卖高单价产品时，客户就走了，你没办法把他们留下来。因此，你开始做主播带货，前期定位要做好。如果你想做一个利润主播，你的产品就不要太垃圾，一定选择高性价比的产品。

“瓜式直播”特征分析

1. 产品递进式介绍，逐步建立心理落差

这是什么意思呢？比如一个产品有五个卖点，我们把最好的一点留在最后介绍。哪个卖点最有杀伤力就到最后介绍，哪个卖点最普通就第一个介绍。用这种方式层层增加客户的心理预期，一步一步上升到最高点，最后给一个非常福利的价格，直接让客户在短时间内爆发下单。

2. 全渠道比价是只找最有利自己的渠道对比

在直播时，一般主播会说让客户全渠道比价，证明自己的价格是最合理的、最有良心的价格。这时，你要引导客户找到对你最有利的渠道进行对比。常见的比价渠道有与淘宝比价、与京东比价以及与线下实体店比价。你要善于引导客户，让他们感觉到她在被你宠爱，能在你这里真正得到好处，真正得到福利，而不是上当受骗。

3. 无秒杀，不爆单；做期货，才断货

什么是秒杀？就是限时、限量、限价购买。平播肯定没有秒杀爆单多。

我以前做期货，做期货很大的一个套路是“断货”。在直播时可以玩一下期货的套路。比如我这款产品要开单，你现在付款，半个月后才有货。如果你现在不给钱，那别人排队半个月，你可能得排队两个月。明确告诉客户，这款产品每天限量，这样解释就清楚了。

零基础新人带货主播孵化三部曲

1. 话术模板化

第一个阶段，话术模板化。我给你一段话，时长 3 分钟或者 5 分钟，你照着念。任何一个主播，你像背课文一样背熟话术，在直播时你按照话术去说，基本就可以了。

2. 节奏标准化

第二个阶段，节奏标准化。有一个观点，一个主播和一个超级主播最大的差别，就看你能不能把控整个直播间的节奏，是粉丝问你什么你答什么，还是你在引导你的粉丝同意你的观点，选择非常重要。

3. 心态平常化

第三个阶段，心态平常化。

零基础新人带货主播的三种能力

1. 初级应答能力

就是我问你答。粉丝问：这个产品多少钱？答：29.9 元。这类简单的应答能力，是一个主播应该具有的初级应答能力。

2. 中级带动能力

初级应答能力再上升一个级别，就是主播要具有一定的带动能力。你不要管粉丝想做什么，你要带动粉丝跟着你走，让粉丝跟着你了解这个东西好不好用，这个东西想不想买，这个东西需要不需要。

3. 高级连麦能力

快手有一个生态与抖音非常不同，它可以连麦卖货。我们知道，连麦一瞬间可能十几万元、几十万元投入进去，从平台引流过来很多粉丝，你能不能把他们马上转化，这非常考验你在主播现场的应变能力。一般情况下，我们不推荐你一开始直播就去连麦。

▷ 微商短视频直播转型复兴指南

分享嘉宾　丰年

触电会会员，短视频直播赋能专家、点金手 CEO，旗下自营达人粉丝 8000 万，孵化达人粉丝 1.8 亿。

2020 年微商如何借“视”而行

主要包括四部分内容：①微商如何布局；②如何孵化属于每一个团队的主播；③你微商品牌想起盘怎么做；④我们能不能自己造一个带货直播节，淘宝有“双十一”，京东有“618”，我想给我们的微商品牌自己造一个节。

微商做短视频直播运营的三大误区

我认为目前微商品牌在做短视频直播时存在三大误区。

1. 网红化

许多人觉得做短视频直接网红化，用网红来直播带货，我觉得是不太正确的。

2. 剧情化

很多品牌想拍一个有剧情的段子，找专业的摄影师，我觉得对微商的老大来说没有问题，因为你要的是影响力。但如果让小白或者基层代理也做这件事，我觉得很不合适。

3. 公开化

我个人认为微商不应该让基层代理都来开抖音号，因为微商火这么多年靠的就是私域流量。比如快手，我们会发现系统推荐给我们的都是你自己的通讯录好友和微信好友，它不会给你推送本平台你可能感兴趣的账号。而抖音，是当你把你的粉丝带到平台后，如果平台觉得你做得不好，还可能会把你的粉丝推荐给其他人。

很多品牌不去做短视频，不去做直播，不是因为他不会拍，也不是因为他没有钱，而是他有各种担心。

微商短视频直播分级化运营布局

微商短视频直播可以分成三级运营。

品牌方	创始人/大团队长	中/基层小代理
账号矩阵形式： 1. 品牌抖音企业号 2. 品牌快手商家号	账号矩阵形式： 1. 单 IP：个人创业 VLOG 人设 2. 多 IP：代理创业 VLOG 合集	账号矩阵形式： 1. 直接卖点话术录制 2. 直接产品场景化体验 3. 短视频发直播花絮
账号内容形式： 1. 品牌发布会实录 2. 品牌代言人短视频 3. 品牌故事/生产环境 4. 品牌荣誉/创始人荣誉	账号内容形式： 1. 宝妈逆袭变女王 2. 一个人的开挂人生 3. 帮助代理成功的故事 4. 创业故事经/致富经	账号内容形式： 1. 不露脸实验评测式 2. 露脸体验话痨式 3. 一问一答互动式 4. VLOG 日记式

第一级：品牌方

品牌方要做抖音吗？要做，因为你要曝光，你要找牛肉哥、你要找李佳琦给你的产品做推广，不是因为他们能卖掉 100 万元还是 1000 万元的产品，而是为了在抖音上显示，某某品牌曝光率极高，让你的基层代理认为他卖的是一个网红品牌，有竞争力。

这是品牌方选择公域的原因，你可以开发布会，可以把你代言人的短视频、品牌故事和你的生产环境都放出来。

第二级：创始人 / 大团队长

创始人和大团队的联创，他们适合做什么？他们不适合卖产品，只适合卖人。你如果认真观察可以发现，近三个月以来抖音上都是什么内容：个人 VLOG 创业号、服装号（尤其是女装行业），他们在写自己的创业故事。

为什么微商都选择这种方式？因为用 VLOG 的方式去讲述，抖音不会封号。

第三级：中／基层小代理

微商是一个金字塔的结构，底层代理多，他们适合用固定话术。比如你卖化妆品和面膜，就告诉大家面膜一共有三种拍法，就按这三种拍，不要自由发挥。不用制作内容，把直播拍成短视频发布就可以，这就是适合小白的方式。

微商新人带货直播出单场景：贵的怎么卖？

1. 组合销售

把大堆东西摆在前面，给用户堆积各种各样的惊喜。

2. 线下联动

我们教新人出货靠什么？零基础的新人其实是用货在带人，高级阶段是人在带货。货带人的意思就是你在直播，你后面摆放一堆货，如果看到这样的场景，会让对方觉得你正在仓库产地直发，有货源优势。这种情况下，直播平台给你的流量就相当于你开了一家实体店。

3. “种草”体验

在梳妆台前用你的产品，给用户展示使用。你每天晚上护肤本来需要半个小时，为什么不把直播打开跟大家聊聊天，顺手为之便可成为直播，这就是普惠性红利的表现。

我培养不出朱瓜瓜，但我能培养 100 个李瓜瓜、刘瓜瓜，我只需要他们把朱瓜瓜的成功做到 1%，一天能出 10 单就够了。

微商新人带货直播成交出单的关键

1. 套餐式销售

很多人单卖某一款产品卖不掉，看下图，比如说他想卖第 2 个石斛花合律精华露，这个产品很贵，109 元一瓶。怎么卖呢？

这个精华露的正装是 100 毫升，我们做一个体验装，包含 15 毫升精华露和一片面膜，这个组合卖 19.9 元。在标准话术下，你直播 90 分钟，肯定能出单。90 分钟是什么意思，因为人是来来去去的，而流水线流动的水在你这里能被你截下来多少，就是你直播功力的体现。

90 分钟 =30 分钟 ×3 轮

30 分钟 = 宠粉款 + 利润款 + 私域导流款

2. 人人复读机

想要得到确定性的结果，必须有标准的话术、标准的产品组合和标准的节奏，所以说标准的话术就叫人人复读机。人人都是复读机，打印出来念稿，产品肯定能卖出去。

3. 循环往复式

你能一口气跑完马拉松吗？一开始跑就冲刺，可能吗？不可能，你需要掌握一种节奏。

直播就是一场马拉松，你一定要把节奏调整好。有的人第一次直播，一口气播四个小时，我认为没必要那样做，四个小时后人已经很疲惫了。每天坚持 60 分钟、90 分钟，细水长流就好。

短视频直播型微商模式的三重境界

观察下图，这个微商要起盘，只用 600 元钱，你选左边还是选右边？我们把面膜换成短视频直播，创业的组合礼包：7 天教你成为带货网红，10 套热门拍摄脚本，直播神器美颜灯，还有 600 元的直播爆款产品，你选哪边？

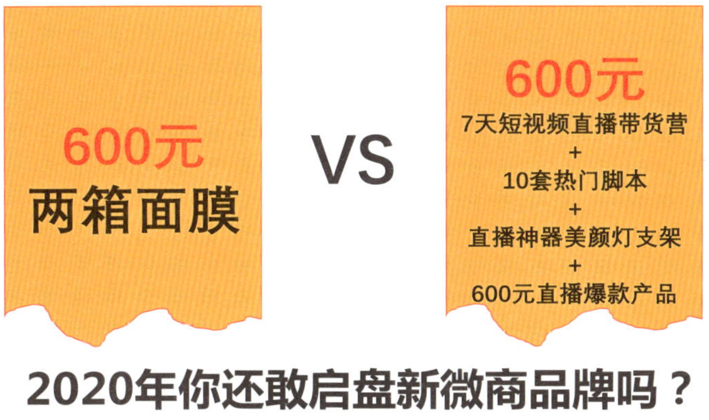

肯定选择右边的。那你现在就做好一件事情，把培训环节前置，因为现在直接把产品环节前置，会让你的招商受阻。

那么微商招商到底怎么去布局？

一重境界：招商境

招商境就是你也需要宣传一下，蹭个热点，告诉大家你已经进军短视频了，视频播放量有 100 万其实没有什么用处，因为 100 万播放量，不等于招了 100 万个代理，也不等于卖了 100 万元的货。就是让你的代理发现自己的团队已经开始做短视频了，蹭个热点。

二重境界：运营境

运营境就是指运营层面开始改模式了。我认为微商的多层级制的模式要改变，也就是要变扁平化，由 6 ~ 7 级的常规层级代理微商变成 3 ~ 4 级偏直播的、偏动销的微商，级别一定会压缩，这是大趋势。

而运营境怎么改变呢？有的人是根据直播时长决定，只要每周满 3

次，每场满30分钟，就可以直接拿初级代理一件代发，用辛苦换代理入门门槛，不再付钱；有的人选择和主播联营；有的人已经有一些卖货的能力，把主播变成联创；有的人把代理商变成老师，从初级学员变成助教，变成老师，变成顾问，其实还是四个层级。所以说运营境就是模式的修改。

三重境界：流量境

流量境是指结果层面成交引流，我们追求的是第二重境界，最终要的是第三个结果。我认为这个比单单只宣传做短视频更有实际意义。只有最后卖掉东西，才叫有结果。

没网红，直接弄直播节合适吗？

有些人会选择城市矩阵。快手有个特点，流量是依托同城的，尤其是流量少的人，你会发现你发的内容都在同城。大家可以想象一下，如果20个号在快手，尤其是三四线的城市同时开始直播，那么在同城页里面会是什么样的景观？

这就是我说的直播节，我们自己造节。

直播节的意义在于微商是最适合造势的。你可以想象一下，为什么快手主播都在自己名字后面跟个数字，今天主播过生日，明天主播的奶奶过生日，后天主播的狗生了三只小狗，都要庆祝一下，因为她们在给自己找各种理由做节，过节也是降价的契机和动销的关键连接点。直播节就是产品促销降价、提高转化的最好契机。

直播节的关键，我认为一是集中时段，二是组合好产品，三是科学策划。

我的观点是：对普通人来讲，抖音可以安慰你灵魂，快手可以喂饱你的肚子。

▷ 品牌如何搭建团队化网红 KOL 矩阵

分享嘉宾　林煌

触电会会员，舍予集团董事长，投资人，十年商业品牌运维经验。

微商的三个时代

野蛮生长时代

2012 ~ 2015 年，是微商的“野蛮生长时代”，微商品牌作为新兴商业形态，一大群宝妈加入微商，靠熟人网络不断裂变，裂变出 3000 万的微商从业者。在这个阶段，只要是品牌，进入市场就能赚钱。

微商精细化管理时代

2016 ~ 2017 年，微商用户市场逐渐进入存量，依靠熟人网络裂变思维逐渐遇到瓶颈，存量吞并思维觉醒，利用品牌力、产品力、代理培育能力和其他赋能能力拉拢代理团队进驻的微商品牌增多，催使微商进入存量精细化管理时代。

微商新流量思维时代

2018 ～ 2019 年，市场主流消费群体从过去宝妈扩散至各行各业，同时伴随新媒体、短视频和直播的爆炸式发展，年轻化群体、实体经营者、代购和直销群体开始涌入微商市场，微商进入以“人”为核心的新流量思维时代。

微商的新增量在哪里

微商有三大新增量，品牌化、同城化和年轻化，未来的微商品牌将从这三个维度突围市场。

品牌化

过去的微商先通过人的驱动，再通过产品的驱动，推动整个业态发展。微商行业历经七年发展，整个业态逐步完善。

在消费者层面，他们对产品品质的追求和对品牌多元诉求越来越高；在经销商层面，他们从单一寻求创业机会，到希望品牌方能对经销商形成多维赋能方式。从培育系统开始，而后的 IP 赋能系统、产品系统、沙龙体系、售后通道、上升模式和整合营销渠道，进行强而有力的品牌背书、明星代言等。

而在未来，整个微商生态更趋于丰富，这些因市场诉求而催生的微商赋能方式，同时也考验着微商品牌企业的综合能力、培训能力、精细化管理能力和运维能力。

2020 年即将开启微商的新元年，对应的是用户多元诉求，行业内称之为“用户离散时代”，它将催使整个消费生态从大众化走向垂直化。微商品牌从垂直领域入手，可以打造出更加专业化、精细化的品牌。特别是正在布局新媒体市场的微商品牌，更需要垂直化的品牌运维能力。

同城化

微商具备先天性的“近场景”破圈能力，以往的会销、直销和路演，属于近场景打通用户成交防线的运维模式。但这种品牌运维模式受限于时间、金钱成本和各种人为因素，因此举办的频次很低，经销商与用户之间的黏合度不高，导致效果受限。

然而，这种“近场景”破圈能力作为微商品牌的核心能力之一，只需要升级策略，就能够发挥更大的价值空间。

2020 年，微商品牌开始慢慢地把解决问题的焦点放在同城化战略上。微商品牌布局同城化，筛选出每个城市的“抓手”，通过包装“抓手”形成雷达，辐射周边意向用户，快速聚拢、高频率磨合用户，轻易打通用户成交防线，并与用户产生高黏合作用。

这种同城化的模式，“沙龙”是最好的承接方式，体量轻，可以随时举办，打破了时间、成本和人为因素的壁垒。

我公司为微商品牌搭建的沙龙魔方裂变体系，经过品牌的实践与验证，平均每场成本在 3000 ~ 5000 元，成交金额平均能达到 18 万元。这套体系可同时具备标准化、易操作、低门槛、小成本、多元化、可复制、伴随式成长和管家式服务等多种优势，可帮助品牌布局同城战略。

年轻化

以往进入微商渠道购买产品的大多数是年龄偏大的70后、80后，而从2020年开始，90后、00后消费群体逐渐增多，甚至很多成为微商品牌的经销商，其中95后消费人数和规模持续快速增长，消费人数占比已达24%，消费潜力巨大。

年轻化消费势力正在逐渐改变品牌传播语境，他们更希望用娱乐化的方式去讲述品牌内容，习惯通过热点事件、网络流行语快速理解品牌产品，这也恰恰是抖音、快手等平台能够快速崛起的原因。迎合年轻化群体，即是找到品牌未来的价值。

如何去部署品牌战略

微商的本质是以“人”为核心的生意，它的底层逻辑是依托流量进行。随着消费群体发生改变，90后、00后年轻消费群体对以微信为主的单一品牌媒介途径感到疲劳，转向了丰富多元的泛娱乐媒介形态。

抖音、快手成年轻人消费增量高地

抖音、快手等平台充分迎合了年轻人的消费习性。

据统计，短视频拥有年轻化独立用户数5.08亿，占全网网民总数的46%，平均每两个互联网用户就有一个短视频使用者。

抖音美妆个护（减脂、彩妆、护肤和其他功能性产品）主流消费群体聚焦在 18～30 岁之间，占整体消费市场的 62.3%，其中女性消费者占比 90.5%。

抖音、快手集体覆盖下沉用户

2020 年，拼多多开始布局直播产业，直击下沉市场；而抖音在三四线城市地域分布整体已超一、二线城市，快手则聚合三线及以下城市，占比 67%。下沉市场消费规模逐年递增，整体用户规模到达 3.3 亿，用户增长率达 46.66%，给予了微商品牌绝佳的上升通道。

微商品牌如果能够充分利用抖音、快手平台，制订科学有效的短视频直播新流量运维方案，就可以直击下沉市场用户的多元诉求，逐一爆破流量壁垒。

5G 时代，技术全面升级

随着 5G 时代来临，短视频应用场景将得益于“超宽、超快速、超低时延”的新型网络技术。届时，直播的商业形态将趋于完善，用户消费习惯在 5G 网络环境中将被培养成普适性习惯，助力“微商 + 直播”形成新商业形态。

抖音、快手等平台跟随全新通信环境也将不断升级，形成年轻化增量高地，搭建以短视频直播为主的超级流量矩阵，未来将主要成为各大品牌的重要战略。

微商布局新媒体，破局新流量

抖音、快手等平台，迎合了年轻群体追求认同感、情感表达欲强和善于分享等心理特征；同时，移动新媒体环境下的用户购物场景不断碎片化，购物行为与社交场景逐渐交叉，让抖音、快手成为了品牌方新的成长沃土，催使众多品牌驻扎，缩短触达用户路径。

然而，很多传统品牌不懂得私域存量运营，停留在公域流量池的运营，始终解决不了粉丝留存转化率低、变现不理想和红利暴发竞争激烈等问题，如何打通公域流量壁垒，形成新的商业模式闭环，成为众多品牌急需考虑的问题。

而微商品牌具备先天的公域流量转化为私域存量的运营能力。微信之所以能够轻易构建出基于信任的商业生态，因其拥有强交互、高黏性、信任感、变现容易和内容快速触达的属性，可以轻易把弱关系转化成强关系，从而形成转化。

微商新流量思维觉醒，需要建立哪些能力去迎接新媒体带来的新机遇？

1. 快速搭建新媒体流量基因库。

2. 掌握 90 后、00 后年轻化消费群体的行为特征。

3. 赋能高、中、低层代理流量获取的能力。

4. 拥有技术、产品和供应链等多维策略能力。

5. 研究能够快速抢占流量入口的全链路营销策略。

微商品牌通过公域流量池捕鱼，私域流量池养鱼，我们称之为“公域流量私有化”赋能方案，它被确认为是一套目前最完整的私域流量培育逻辑之一。

微商团队是由创始人、顶层代理、中高层代理和底层代理构成，呈金字塔式结构。需要针对不同的代理层面进行分阶赋能，让高、中、低层代理都具备流量获取能力，可以全方位突围公域流量，最大化攫取流量进行私有化存量运营，为微商品牌高维赋能。

品牌需要怎样全方面赋能经销商？

高、中、低层代理——分阶赋能，斩获公域流量；小白代理——便捷流量搬运；中、高层代理——专业化 KOC/ 种草达人转型；顶层代理——专业化 KOL 转型；创始人——超级网红 IP 转型。

小白代理赋能策略

小白代理，主要是便捷流量搬运，他们的赋能策略是这样的。

抖音、快手内容推荐的底层逻辑是建立人群、兴趣和地域等多维度标签设置，将精准的内容推送给精准的人群，形成高度黏合，非常便于品牌商进行转化。而最为关键的是这套推存机制的背后，可以马上为品牌商搭建一套快速、高效和便捷的标准化引流方案。

那么，微商品牌的小白代理如何在抖音、快手的公域海洋里，快速吸引流量？

1. 掌握大数据分析能力

每个新媒体平台背后都有一套大数据逻辑做支撑，掌握抖音、快手的大数据算法，有助于微商品牌捕捉精准用户、精准内容、品牌热点、品牌爆款内容和品牌产品种草。再通过大数据进行不断测试，制作爆款引流视频，可轻易打开公域流量入口。

想要掌握大数据分析能力，必须基于数据采集。

数据采集分为三部分：

（1）Data Warehouse（数据仓库）：元数据、数据集市、数据存储、数据计算框架、标签库。

（2）Data Pump（数据泵）：采集，清洗，转换，存储，计算，备份等任务的自动化数据工作链路管理。

（3）Data Governance（数据治理）：数据标准、数据开放、数据质量、用户和权限、数据资源管理。

2. 输出标准化内容

微商品牌在大数据筛选爆款内容后，需要将爆款内容转化为品牌专属爆款脚本，代理通过脚本克隆输出内容，发布至抖音、快手平台进行流量获取。脚本克隆方便各个层级代理操作执行，轻松完成用户从停留、关注、转化到成交四个动作。

引流逻辑可分为五部分：

（1）收集数据：根据品牌提供的产品，建立基础流量池。

（2）筛选数据：清理数据标签，找到目标用户。

（3）测试数据：测试爆款激活用户的能力。

（4）触达数据：形成内容库，产出爆款或“病毒性”爆粉内容。

（5）产出数据：针对品牌产品制订标准化爆粉机制。

3. 打造代理输出标准化体系

标准化输出需满足五个条件：内容精准化、快速复制、流程简易、快速有效和高频输出。

这套基础引流机制能有高转化率，是由大数据运营下的养号、内容创新、热点追踪、爆款和种草抓取而形成的。在这套机制的作用下，引流内容非常容易让用户搜索到，并且有大机率被推送至首页。通过底层代理大规模克隆搬运，大面积覆盖用户，让精准用户关注账号，最终完成转化。

这套体系的每一个爆款视频都可以引流 30 人以上的精准流量，并且代理商非常容易复制。这样才能赋能代理商，人人都能引流。

中、高层代理策略

中、高层代理大规模转型 KOC／种草达人，击穿多元消费。

2019 年，我们经常听到用户离散型消费的说法，这种消费形式区别于传统消费方式。消费者需求变得越来越多元化，他们会为新奇好玩的产品买单，为网红明星的推荐买单，为稀缺联名买单，为品牌文化同频买单。这种消费形式就是用户离散型消费，大多数由 90 后、00 后年轻消费群体发起带动。

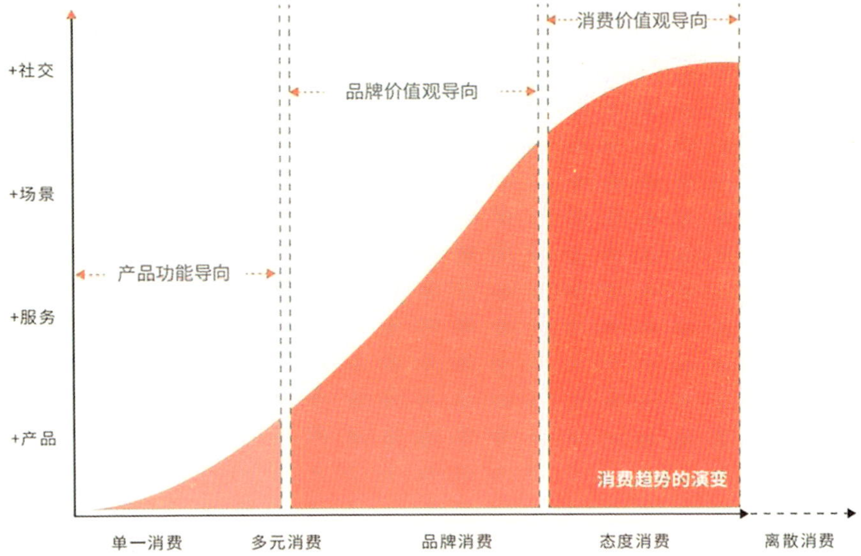

1. 可轻易撬动离散型消费

抖音、快手平台的多元化场景，可满足用户离散型消费。而多元化场景建立的背后是丰富的兴趣标签。如果能够让微商品牌中、低层这个基数最为庞大的阶层转型 KOC/ 种草达人，就可以捆绑无数标签，逐一锁定离散型消费需求。

如果一个代理可以吸纳 10 万个粉丝，一个微商品牌中、低层的基数到达 10000 人，其中有 3000 人成功转型，我们会发现这个矩阵能够覆盖的人群将不可估量。

例如头、尾部网红比例，头部 KOL 的粉丝量为 500 万以上，占比 KOL 总量为 1.21%；腰部网红的粉丝量为 100 万 ~ 300 万，占比 KOL 总量为 23.24%；尾部网红的粉丝量为 10 万 ~ 100 万，占比 KOL 总量为 71.43%。

但是如果转化为代理层级，其各级比例为创始人 1 ~ 3 人，中层代理 100 ~ 900 人，中、低层代理 1000 ~ 10000 人。

2. 去中心化思维，击穿圈层

微商品牌代理以往的引流方式，主要通过地域周边辐射、熟人网络辐射和兴趣社交网络辐射。而这些辐射方式同样受限于地域、人脉关系数量和微商品牌的代理规模，难以突破存量壁垒。

由于公域流量池不受地域、人脉关系和粉丝体量等限制，代理转型 KOC/ 种草达人，意味着可以轻易打破这道壁垒；同时，抖音、快手平台标签推荐机制是一套去中心化逻辑，可以帮助代理捆绑多个人设标签，打破原本的代理形象，可获取更广域的流量。

3. 微商品牌帮助代理 KOC/ 种草达人转型，会遇到哪些困局？

（1）IP 设定策略偏差、代理团队基数大，却聚焦在个体人设包装，导致成本过高。

（2）内容标签模糊，不懂团队选题策划，导致无法精准直击意向人群。

（3）无计划代理转型培训，代理转型从理论到实战没有清晰规划，转型效果差。

（4）不懂植入品牌基因，导致没有价值输出。

4. 微商品牌如何搭建团队化网红 KOL 矩阵

（1）团队建立“商业生活化”标签。

团队化代理转型 KOC/种草达人，需弱化产品层面，主要以生活或者职业化的标签进行自我精准定位，配合标准化运营流程，进行公域流量突围。

代理标签的建立可分为三大板块：一是团队标签；二是品类标签，如美妆护肤、塑形减脂、服装穿搭、大健康等等；三是集体人设分类，如宝妈、创业女性、职场员工等等。

（2）同频女性选题，激发用户共鸣。

微商品牌正逐步吸纳 90 后、00 后主流消费人群，提倡自主创业自给自足。微商品牌选题策划，可以依托抖音、快手大数据捕捉这个群体的关注焦点进行方案定制，以求与这个群体同频，快速黏合兴趣标签。最后，微商品牌通过私域流量运营方案，将这类人群进行转化。

选题策划可按以下流程：

①故事线主轴设定；

②剧情方向，如励志鸡汤、创业分享、奋斗故事、丝逆袭等等；

③场景设定，如办公室、聚会场所、临时事件场所等等；

④搭配人设，如用于抬高主人设维度，对比型人设等等。

（3）代理转型 KOC/ 种草达人，需经历十阶运营教学。

代理在运营 IP 账号过程中，每个细节都可能引发连锁反应。视频的前 10 秒需引发用户好奇停留关注；剧情内容需引发用户制造话题；情感表达同频率高，能够引发用户认同……这一系列动作，都可以引发粉丝点赞、评论和分享，最终将内容推送到首页，打通公域流量屏障。而这种细节主导转型成败的运营方案，我们总结出了如下十个学习步骤。

①基础入门；

②拍摄教学；

③剪辑制作基础；

④视频剪辑实用技能；

⑤注册养号；

⑥内容优化发布；

⑦解析抖音内容分发机制；

⑧增加抖音账号权重运营；

⑨选题；

⑩算法和数据。

（4）六个月强化训练，培养代理转型能动性。

代理学会了人设包装、剧情设定和运营技术后，需要长时间培养短视频平台发布、运营和养号等高黏性习惯，形成有节奏和长期的运营规划。

六个月高强度实战训练分为三个阶段：第一个阶段是 IP 人设公演实战 1 ～ 3 个月；第二个阶段是专项运营技能实战 1 个月；第三个阶段是数据雷达技能实战 1 个月。

中、高层代理进击直播领域

目前整个直播领域的商业形态正在完善，用户习惯被逐步培养，商业直播将以超越视频的双向效果，快速成长成新商业最高价值形态。

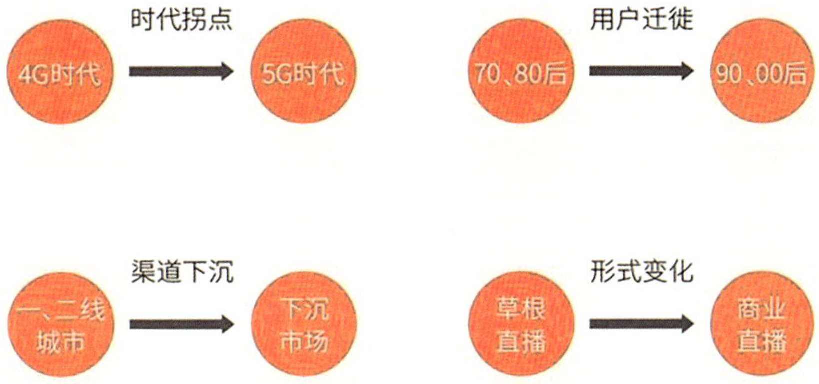

1. 直播即时性优势，缩短用户成交路径

主播直播间已然成为品牌首发的最佳阵地，品牌通过“视频全平台预热 + 直播首发 + 超强粉丝福利”的形式 ，可以轻松消除用户疑虑，让“种草即卖货”成为可能。

直播的三大优势：

（1）消除用户高情绪阈值：用户的情绪阈值已经越来越高，很难被说服，直播是最好的沟通工具。

（2）超越视频的双向效果：超越视频的双向互动沟通，增加了客户的参与感，更能拉近二者的距离，打破成交的最后的壁垒。

（3）多对多形成高效沟通：传统的营销推广成本越来越高，多人联动直播的效果可敌一个大主播。

2. 缩短用户成交路径，打通品牌全链路战略布局

微商品牌的势能停留在私域流量池里，相对封闭，通过商业直播进入公域流量池可以完全满足用户猎奇、互动体验和即时策略等需求，成交优势将成倍放大。

微商品牌通过商业直播，可实现直播带货，品牌曝光，举行线下活动和实体探访。

3. 微商品牌需快速建立“直播基因”，抢占商业直播高地

微商品牌现阶段需要快速学习直播运营技巧，建立直播流量嗅觉系统，更好地适应 5G 时代造就的直播新环境。对直播运营，微商品牌需从直播基础、话术技术、粉丝运营和引流方案设计四大版块切入，以便品牌快速制造直播间超级流量。

直播的四大板块具体学习内容为：

（1）直播基础：如何开通直播权限、如何发起一场直播、直播的必备技能。

（2）话术技术：直播间主播如何精准地把握语言、聊天时如何与陌生人谈心、内向型主播活跃技巧、打破尬聊的五个步骤、迅速提升活跃度的办法。

（3）粉丝运营：如何快速获得粉丝、如何将用户转化为粉丝、如何召回粉丝、如何唤醒粉丝活跃度。

（4）引流方案设计：什么是粉丝头条／抖＋、为什么运营成本加大，却没有转化、如何小成本获取最大的粉丝量、直播时规避平台规则限定。

创始人和顶层代理的策略

创始人和顶层代理的策略，就是抖音和快手 IP 打造。

1. 利用头部影响力辐射多阶代理

微商打造 KOL 超级网红 IP 在整个流量培育逻辑中起到至关重要的作用，只有进阶头部网红梯队阵营，才有机会瓜分相关标签流量。这种流量价值，可以从产品、活动、转化，甚至到供应链各个纬度充分体现。顶部流量除了自身具备引流转化变现能力，又可以把流量向多阶代理分配，让代理转型 KOL 的成功率翻倍，快速形成 KOL 众创矩阵，一旦品牌想要发声，就可以起到最大的能动性。

2. 如何打造差异化超级 IP

（1）加强曝光，更高拉新微商品牌。

标签粉丝画像和普世价值观相结合，可以起到引流和拉新的作用。

（2）内容遵循 AIAS（注意、兴趣、购买、分享）法则。

抖音的视频流机制玩法需要在一条视频中完成 AIAS 法则的注意和兴趣甚至购买步骤，所以内容核心在于共情和诱导。3 秒注意法则一定是开门见山，把最具冲击力的内容前置留住观众，然后让观众具有代入感，提供一个信息点，“这个人可以给我……”，诱导观众进行关注。

（3）打造一个 IP 矩阵。

打造一个主 IP，然后以主 IP 为核心衍生系列子 IP，打造成 IP 矩阵。把创始人 IP 作为矩阵核心进行矩阵化打造，对微商品牌来说是个相对低成本、可以扩大品牌效应的一种玩法。

打造 IP 矩阵，优势有哪些？每当有新的子 IP 内容上升，对主 IP 都有流量反哺；10 个 100 万同领域 IP 影响力大于单个 1000 万影响力；作为强关联的子 IP，很难单独转型成功；成本低。

综上所述，微商品牌新的机遇和风口来临了，就是布局新媒体，让品牌重回高增长。

微商品牌经营者如何从零做到抖音 90 万粉丝

分享嘉宾　明道妹妹

触电会会员，索菲亚操盘手，美慕商盟创始人，尚民品牌创始人，雳辉资本股东，抖音 90 万粉达人。

我 2019 年 4 月份开始做短视频，到现在粉丝量，抖音 90 万，快手 18 万。我主要做的内容是减肥健身方面。其中有两个视频有 100 多万点赞量，播放率破 4000 万。

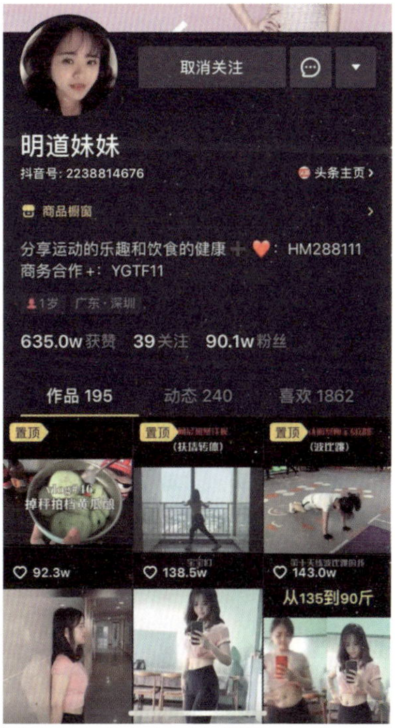

我做短视频之前是个抖音小白，没研究过短视频，因为认识了一家传媒公司，他们觉得我的各方面条件符合做达人，我就开始做抖音，给自己的定位是塑造个人 IP。

根据自己的创业经历，我发现很多人其实愿意跟你做生意，找你买东西，是因为你这个人。而且一旦认定你，联系是很强的，可以维系很多年。我觉得对方喜欢你、信任你，比产品更重要，个人 IP 做出来，它能带来的价值更长线。

我在做抖音号时，跟我的策划人有明确沟通，我要以个人 IP 的形式来输出自己的一些故事，就是用个人的方式去输出。

我始终认为产品会更新迭代，会有更先进的技术出来，更好的产品出来，因此，用产品跟顾客产生黏性是薄弱的。人是情感动物，如果用人气维系情感，那就不一样了，人们对情感的需求贯穿一生。所以我建议，如果你想做短视频，要偏向于个人 IP 打造。

我给大家分享的是我如何打造个人 IP，如何做短视频的。

明确自己需求，给短视频定位

（1）明确自己做短视频要的是什么，想解决的是什么，想带来什么成果。

根据我自己的经验，大多数人做短视频的需求大致有以下四种：第一种是纯带货；第二种是招代理；第三种是品牌塑造；第四种是打造个人 IP。

不同的需求，你做的定位和内容就不同。

（2）明确自己的优势和资源。

了解自己的需求后，需要理清楚自己的优势和资源。你的产品线是什么，产品对应的人群是谁，这部分人群的痛点有哪些，你的产品可以解决别人哪些问题……

这些你一定要十分清晰，否则你会走许多弯路。不要盲目地想着，我打造自己的短视频就是要粉丝，要流量，然后就开始去做了。

（3）不要做搞笑类短视频。

如果你想要带来好的变现力，我个人建议你不要做什么搞笑、逗人类型的短视频，这样子吸引来的娱乐粉相对难变现。因为他们对你的认知是娱乐，觉得你好玩所以关注你，而不是因为你输出的内容对他有用才关注你。

你要找到自己的需求，知道自己的目的，按这个做短视频内容，才能找到目标人群，从而获取精准粉丝，这就是我们大众品牌的定位。

四种需求对应的定位和内容

1. 纯带货

这是最直接的一种需求，现在市面上比较多的可能是好物号和种草号，以分享新奇产品为主，你可以混剪一些素材，用多号做矩阵号。需要注意的是你的产品储备，物流发货和售后要跟上。

对一些品牌方或者个人来说，如果想要快速盈利，会比较喜欢好物号，因为可以快速变现。

在做好物号、种草号时，要注意引导销售，告诉大家产品怎么方便、怎么好用，可以用视频直接挂链接的方式做成交。抖音更利于用内容视频直接带货，快手倾向于用内容铺垫，主播以直播带货方式为主。抖音和快手的受众群体不太一样，快手偏简单，带货方式直接、粗暴，抖音相对有内涵，文雅一些，价值输出要求比较高。你可以试一下，哪个平台更适合你。

带货方式还有一种，直接跟网红号合作，可以直接找靠谱网红机构合作。你要看他们的相关销售数据，了解产品适合不适合他们的受众人群，不要盲目地去砸钱。

我建议不要找粉丝量太大的网红，要找粉丝量在 50 ~ 100 万以内的网红，并且粉丝的黏性比较高，直播带货能力比较强，有一定的亲和力。

如果你是微商品牌方，有代理层级，不建议品牌自己用打促销的带货形式，因为对你的代理有一定的伤害，会带来一些不好的影响。

2. 招代理

如果你需要招代理，建议做创业 VLOG，讲创业故事、创业经历、创业干货和当下时代的痛点，是先挖掘再拯救，按这样的方式输出你的整个故事线。

可以用个人 IP，以分享价值为主，这样粉丝黏性会更强。人都是情感动物，你感动他，你是他的思想指引者，你输出了价值，他就会很愿意去信任和跟随你。

3. 品牌塑造

品牌塑造就是造势，讲文化、讲使命、讲情怀、讲你的发展史和讲背书等，把品牌的东西虚化来讲。

我推荐有这类需求的做企业号，也就是蓝 V 号。企业号还有个好处是可以直接讲产品，讲一些相对广告类的东西。

4. 打造个人 IP

打造个人 IP 主要就是讲正能量故事、创业故事或者某个领域的 KOL，把你的特长不断输出。

比如你是一个减肥健身达人，自己用超出常人的时间和毅力瘦身成功，一个半月瘦下来，成为榜样标杆，然后再持续输出价值，从中植入故事，让别人佩服你，对你感兴趣，从而对你有信任感。

像我自己的人设就是一个持续在创业路上拼搏的女子，一名新时代女性，因为肥胖在感情路上受伤，因此决心逆袭改变。内容就是先用 VLOG 的形式记录减肥和故事，后期再分享干货。

我的一些忠实建议

1. 先模仿再微创新

现在短视频已经没有什么大秘密，它是开放的平台，如果你一旦找到自己的定位，我相信平台上都会有同类型的内容在做，而且有些人已经做的很好。你开始不太会的话，可以先去模仿再微创新。

2. 先不要花钱外包

做短视频，如果你预算在 10 万左右，我不建议你把短视频外包。

你可以建一个 2 ～ 3 人小团队，你自己需要什么，直接跟团队沟通，一定要参与进来，才能做出高质的内容，不要为了做而做。

3. 偶尔蹭一下热门视频

短视频有一个叫做热门视频，是爆款。你可以偶尔去蹭一些当下的热门，然后去模仿拍摄一个短视频。就像我自己的号，里面两个是爆款热门视频。其中有一个是自己原创，另一个是模仿别人的。因为模仿后又改进了一下，我的视频有了 100 多万的点赞，而原创的那条才几万点赞。如果你有一个热门视频，你整个号的整体点赞和浏览率就会被拉高一些。

4. 做好个性签名

个性签名就是签名墙，要做好。如果留我们的微信，很多人会因为你的视频内容主动加你。

5. 代理如何做短视频

小代理适合比较简单粗暴的模仿，内容以模仿加微创新为主，一旦有粉丝就可以直播引粉，直播卖货。

大代理适合打造 IP 号，他们有带团队经验，大多数气场足够，能说会道，有拼劲，这类人大多具备 KOL 潜质，重点培养。

做短视频不同于微信里面发圈卖货，它需要你默默地坚持。有很多人是坚持不下去的，做一段时间看不到变现成果就放弃了，我觉得是很可惜的。

月薪 1500 元的普通人 如何利用短视频使年收入大幅上涨

分享嘉宾　安爸

快手官方认证的宠物医生、快手特邀讲师、垂直短视频培训讲师

我没有做短视频之前，月工资 1500 元左右。从做快手短视频开始，我的年收入大幅上涨，我培训的徒弟在短视频领域运营的账号都是头部账号。那么我是如何做到的呢？

我是快手官方认证的宠物医生，还受邀和快手副总裁何华峰一起为清华大学、北京大学和复旦大学的教授做快手直播分享。

我和快手副总裁何华峰（右）

2014 年，我刚毕业，学的是宠物医生专业，当时找不到工作，就在一家宠物店打工，月薪是 1500 元，无提成，每天的工作就是不停地收拾狗屎、狗尿、分狗粮，一点都看不到希望。

当时的生活到底有多惨呢？我和我老婆同 13 只狗蜗居在一间 25 平米的阁楼里，没有暖气，只能穿着羽绒服开着电热毯睡觉，不然就会被冻醒。那时在东北，平均 −25℃的冬天，我穿着漏水的旅游鞋和已经磨边的夹克，上班需要走一个多小时的路，因为能省下 12 元的打车钱。

我人生中最重要的转折点之一，是在 2014 年冬天无意间玩起了快手，那时的快手还是叫 GIF 快手，成了快手上的第一个宠物医生，开创了线上科普养宠知识的模式。

我人生中第二个重要的转折点，就是关注了龚文祥老师的微博，学习他的做事思维，所以我现在才能使收入大幅上涨。

我是如何做短视频的

做垂直细分领域账号

垂直领域就是找到自己最擅长做的事，利用短视频把它扩大，让平台上更多同频的人来找你。垂直账号最大的好处，是粉丝信任度高，变现能力强，带货能力强。

我现在微信共有粉丝近 6 万人，基本是从短视频引流来的，都是饲养宠物的精准粉丝。我的粉丝并不多，但我一样赚钱，为什么呢？因为我的粉丝足够垂直。

比如，你卖瘦身衣，如果你在短视频里天天更新关于瘦身衣效果的内容，那就是垂直；如果你为了涨粉直播舞蹈，那就不是垂直。因为通过跳舞吸引来的粉丝，大多数不是瘦身衣的潜在顾客。

如果你做护肤品，那你在短视频里天天教大家如何科学护肤，就是垂直；如果你为了吸引粉丝，直播搞笑段子，就不是垂直。因为搞笑段子体现不出你在化妆品领域的专业，自然无法达成成交。

不要开始就想做头部账号

普通人开始做短视频，千万不要想着做头部账号，甚至连和头部账号比较的心思都不要有。因为你一旦产生“我这个行业里已经有大咖，我再努力也超不过他”的想法，在短视频平台就做不起来了。

大多数头部账号的成功，不仅需要博主自己的努力，更需要平台的助力，这是我们现阶段可遇而不可求的。做短视频不要有太强的准备情绪，千万不要想着把所有的事情都准备好再开始行动，那你永远行动不起来。

因为MCN机构的出现，短视频各个领域都开始签约演员做短视频账号。我熟悉的宠物行业，有两个宠物医生的账号，粉丝涨得飞快，不到一年的时间涨到了180万粉。我仔细研究他们的账号，发现他们本人不是宠物医生，只是在演绎宠物医生这个角色。他们拍短视频有专业团队，垂直粉爆涨。

我做不到这样专业的拍摄，因为牵扯的精力太多，我就琢磨出来一套自己的方法。

头部账号有专业的设备、最好的编剧和最好的演员，假设他们每个作品能获得100万流量。但是有一个最大的问题是没有办法日更，一般是一周一更。那我们可以用手机直接拍摄，一个小手机支架就可以完成。每天拍摄自己的专业知识，可以做到一天三更。我现在平均一个作品能有10万浏览量，一天三更就是30万浏览量。这样我和头部账号流量的差距其实也不是很大，我也不太辛苦。

不要用做抖音的思维来做快手

抖音视频是无法预测下一个推送的作品是什么。严格意义来说，抖音上的用户没有选择权，只能被动看系统推荐的视频。快手的热门就像一个大广场，各种类型的视频汇集在这里，用户可以自主选择。所以快手一定要选择吸引人的画面来当封面。

这是两个拍摄金毛狗视频的封面，明显第一个封面更吸引人想要点进去，看看狗狗怎么坐在摩托车上。第二个封面有点平淡无奇。所以前者的浏览量破百万，后者只有同城的几个浏览量。

想做好快手，除了封面吸引人，还要给短视频起一个让人好奇的标题。

另外，快手作品发布后，你应该第一时间分享到微信群来做预热。因为快手作品直播时无法直接分享到朋友圈，但可以分享到微信群，群里的人点击分享链接就能直接跳转到快手观看作品。

这一招特别好用，有粉丝基础的主播，可以组织一个粉丝微信群；没有粉丝基础的，那就加入互粉点赞群，为自己赚来第一波点赞。

我现在已经有六个垂直粉丝社群，不但平时能帮我预热作品，还能周末团购带货，效果很好。

快手和抖音热门的算法和技巧

一个刚发几分钟的视频，如果能有几百个点赞，100% 可以上 1 ～ 2 万浏览量的小热门，如果内容再好点，甚至可以上几十万浏览量的大热门。

因此，在作品刚发布的一个小时，评论、播放和点赞数越多，上热门的几率越高。

一个作品被推上热门后，一定要间隔几个小时后再发另一个作品，这样可以借助前一个作品的热度带动第二个作品。大多数人的观看习惯是这个视频觉得不错，点赞了，并且同时会点击主播头像，查看他的最新作品。

同时，如果一个作品被推上热门了，当晚你一定要开一次直播。因为如果在作品被推送热门的过程中你开了直播，作品头像位置就会有直播入口，会有源源不断的人来看你直播。

在精力和时间许可的情况下，你尽可能回复每一条评论，这样不但会拉近你和粉丝的距离，而且别的粉丝看到你互动回复问题了，也会跟着提问。这样当你有新作品发布时，就会有人跟着去点赞和评论。

还可以发布一些有争议性但不违规的话题作品，粉丝们分成两拨在你评论区互动，评论越多，热门越高。

垂直领域的短视频账号，头像最好使用能体现自己职业的工作照，这样能增加粉丝对你信任感。昵称一定要和自己的行业相关联，比如我是宠物医生，我可以叫私人宠物医生安爸，也可以叫暖心宠物医生，“宠物医生”四个字是行业属性词，不能丢掉。

快手粉丝引流微信的几种方式

第一种是快手号与微信号一致。这样直播的时候可以直接告诉粉丝，加你的快手号就行。

第二种是在个人介绍里写上微信号。要注意不能直接写“微信”，否则很有可能被封号。个人简介建议写“咨询”或者用表情来代替“微信”两个字。

第三种是在私信里回复图片。抖音和快手私信不能重复发内容，比如“你加我微信……”，你连续发 3 ~ 4 次，私信就会被封 3 天。我们最好先关注一下对方，然后私信发图片，如果系统提示发不过去，那就证明对方还没有关注你。

第四种是快手创建粉丝群。建群时设置无需审核加入，粉丝可以直接加入你的粉丝群。在粉丝群你就可以直接发微信号和卖货了。

▷ 快手粉丝从 0 到 100 万增长的核心运作

分享嘉宾　李新星

触电会会员，诺思星商学院创始人，专注电商教育培训 7 年，付费学员 3 万+，目前拓展短视频直播电商业务，实操账号近 10 个，属于抖音、快手官方认证的 MCN 机构。

我从 2019 年开始做抖音、快手短视频带货培训，包括账号代运营等。针对短视频现状，我以快手为例，总结一些让粉丝从 0 到 100 万快速增长的核心运作方法。

粉丝值钱系数排行榜：

No. 1 微信私人号粉丝

No. 2 快手粉丝

No. 3 淘宝直播粉丝

No. 4 公众号／腾讯直播粉丝

No. 5 抖音粉丝

No. 6 微博粉丝

快手粉丝的值钱系数，仅次于我们个人微信号粉丝。

因为快手粉丝和主播之间的黏性、信任度以及带货能力、后期变现，远远高于抖音或者其他粉丝。

我觉得，一个 10 万粉丝的快手账号，每个月带来的变现价值，比一个 100 万粉丝的抖音账号带来的价值更大。我的一些快手学员，他们只有 3 万或者 5 万粉丝，但每天的出货量比自己的淘宝、天猫店出货量大。

因此，我们建议想做快手的，你有 5000 粉丝就可以开播。5000 粉丝，按比例计算，你开播的时候直播间里大概有 20 ～ 30 人。你卖货也好，做一些其他变现也好，粉丝的价值都比较容易发挥出来。

为什么快手现在非常火，普通人做的那么多？就是因为它可以让一个普通人轻松变现。在快手平台，直播也可以带来粉丝。而直播带来的粉丝，价值是最高的，或者说消费能力、消费层级是最强的。

这也是我目前热衷于快手的一个方面，因为变现非常快。

快手粉丝增长的三要素

很多人比较关心快手涨粉。我觉得快手粉丝增长的核心，是把我们传统生意的一些观点运用到快手。我总结了一下，快手粉丝增长的关键点在于人设、产品和场景三个关键要素，就是我们俗称的人、货、场。

人设

一个快手账号，如果缺乏了一个明确的人设，虽然可以快速涨粉，但是在直播带货的时候，其实粉丝的购买力并不强。

反之，如果我们一开始就突出账号的人设，即使粉丝量不大，在直播的时候，也会有很多粉丝进来，并且愿意相信你，买你推荐的产品。

产品

产品就是你想做，你要做，后期想变现的产品。如果能够把产品融入进来，账号的价值就会更大。

场景

现在有很多热门场景。

有时你会发现，你在某个场景下随便拍个东西就能上热门。比如农村场景，你可能在农村随便拍一个段子，就很容易上热门。快手在国内三四五线城市人群中的发展比较好。因此在场景影响下，你会发现很多人，为了获取官方热门的流量、为了涨粉专门去农村，或者去平台推荐的一些热门场景租房子，买道具来拍摄，甚至在自己的公司里搭建符合人设、符合产品的一些场景。

在做快手时，把人设、产品和场景这三个要素结合起来，这样的账号，哪怕只有 10 万粉丝，也远远超过其他有 100 万以上粉丝的号的价值。

很多人觉得内容是核心，非常重要，这没有错。重要的是你一定要看内容是在什么场景产生出来的。如果你随便在办公室、家或者马路边上街拍的一些场景作品，上热门很难。

所以有时候你发现你拍了几十个作品也不涨粉，或者涨粉力度非常小。但是你稍微换一换场景，可能同样的内容就能产生不一样的价值。内容、人设都一样，场景不一样，可能完全有不一样的效果。

快手前期三步完美冷启动

快手有一个非常重要的阶段，是前期的冷启动阶段。什么是冷启动呢？你在前期发布一些作品时，你会发现你发的每一个作品，播放量都是一两百，基本没有突破过一千，快手账号这样的阶段是冷启动阶段。

你的快手账号像是被冰封了。如果要冷启动，账号就要有活跃度，即热度。只有一个账号的热度高了，冷启动阶段才能够真正发挥出来。

在我看来，想快速突破冷启动阶段，需要坚持以下三个方面。

持续输出内容

在前期持续输出内容，能够保持日更或者保持周更，这个动作非常关键。所以，前期我们不管拍摄作品的质量怎么样，一定要坚持日更或者周更几次。

需要 1 ～ 3 个爆款作品

在拍摄的众多作品中，你只要有了 1 ～ 3 个爆款作品，基本上再发布作品时就很容易上热门。

需要 5000 个左右基础粉丝

你能保持日更或者周更，再拍摄 1 ～ 3 个热门作品，在这个过程中，前期一般会积累 5000 个左右的基础粉丝。这时，你就可以开始开播了。

这时开播状态是最好的，一是直播间不至于没有人，二是每天还能出点货，三是在你直播的过程中还能够继续涨粉。

作品上热门的五项指标

有价值的作品内容

我们主要通过拍作品的形式，去帮助我们涨粉丝。而精准的粉丝，需要靠精准的作品吸引。

我觉得精准的作品，或者说有价值的作品，需要包括这五点：给别人带来欢乐，给别人带来知识，给别人带来见识，给别人带来感悟，给别人带来好处。

我们发出作品后，需要站在粉丝的角度思考，他看了这个作品有什么反应，是想笑？想哭？觉得有好处？还是有启发？

如果看了你的作品之后，粉丝连骂都不想骂你，那这个作品肯定火不了。

我们在打磨这些作品的时候，会发现每一个作品都有不同的作用，每一个作品都有每一个作品的价值。因为快手现在把公域流量和私域流量分得特别清楚，只要不违规，在私域流量发些作品也是可以的。

有些作品，是真的能够给你涨粉，可能10万的播放量能够给你带来2～3万的粉丝，将近10%～20%的涨粉率；有些作品，哪怕有100万的播放量也可能涨不了1万粉丝，这样的作品可能就是为了活跃这个账号。因为做快手，账号的活跃度也是关键的指标。

很多人不知道拍什么作品，是因为你把需要看自己作品的人群定位窄了。我们在快手里吸引的是一类人，而不是喜欢你这一个产品的人。因此，不一定说是你卖什么产品，就非要拍什么产品。如果你卖衣服就一直拍衣服，你有多少衣服可拍呢？就几件衣服来来回回地拍，时间久了自己就没有思路了。如果你拍的是一类产品，比如同一类服饰，那你就有很多素材可以拍了。

思考一下，你这个产品是属于哪一个大类的。你按照这些类别去拍，你的思路就非常清晰。

比如你卖茶叶，如果你天天拍你的茶，天天说你这个茶有多好，那拍着拍着就没有思路了。如果我们从茶叶往上去推理，那我们可以去拍摄一些茶道方面的文化，一些能够让大家学习到关于茶的知识的产品，拍摄的素材就多了。

所以，你的作品吸引的一定是一群人、一类人，而不是只买你产品的这个人，或者只喜欢你这个产品的这个人。你能找到这一类人，我觉得就是你做好快手最基础的一步。如果没有找到产品背后的人群是谁，是哪一大类，那可能你在拍作品时，会受到很大的限制。

吸引人点击的封面

在快手，最主要的上热门指标之一是封面，封面点击率非常重要。用快手里面的封面模板，基本上能提高 10% 以上的点击率。

较高的播放完成度

在这些指标里面，其实最重要的指标是播放完成度。播放完成度在作品的权重中是一个非常重要的指标。经过大量测试，我们发现控制在 40 秒以内的作品，它的播放完成度相对来讲是最高的，大部分能达到 50% 以上。

现在大多数人是在利用碎片化时间在看快手，因此，作品时间是越短越好。你的文案如果总结得好，能在 20 秒内把你的故事、把你的内容拍摄出来最好，建议大家千万不超过 40 秒。

合理的发布时间

我们都知道，下午和晚上是上网的高峰期，人比较多，所以大多数人习惯在下午或者晚上发布。

我发现有一个“蓝海时间段”，在这个时间段里人流量最高、增长率最高、竞争最少，没有人发布或者发布作品的人非常少。

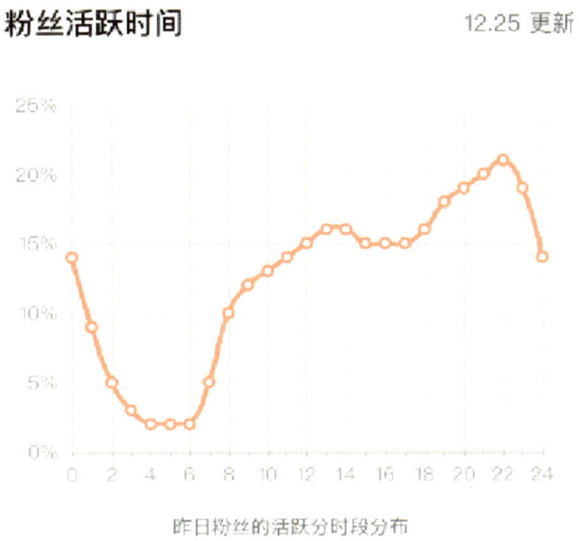

这个时间段就是早晨的 6 ～ 8 点之间。因为现在人们在早上起来之后，基本上是刷短视频，而这个时间段发布作品的人很少。你可以尝试一下。

头条的适当助推

快手里的头条，相当于抖音里的抖 +。如果你觉得你的作品真的拍得非常不错，你可以适当地花点钱去投一投头条，就像我们做淘宝开直通车去推广一样。

头条主要看作品质量，如果作品内容非常优质，基本上粉丝能够做到一元钱以内一个，成本很低。

形成爆款作品的核心玩法步骤：

①先通过 8 元 2 小时头条测试数据。

②如果数据差没助推，但你感觉作品还行，就用40元头条二次测试。

③如果二次测试后数据还不行，直接放弃。

④如果数据达到预期目标，直接80元头条12小时或24小时投放，继续观察数据。

⑤如果数据达到预期目标，加到400元投放。

⑥如果数据达到预期目标，继续加到800元投放以此类推，尽量加8的倍数！

⑦投放头条时，务必做好数据记录。

爆款作品就这样形成了。

中小商家如何利用快手稳赚不赔

如果你现在布局快手，怎样才能够稳操胜券呢？在资金有限的情况下，要把时间和精力花在哪里，才能稳赚不赔呢？

花钱涨点基础粉丝

第一步是注册一个账号，先积攒点基础粉丝。我觉得这点基础粉丝在你条件许可的情况下可以花钱买一些。比如去别的直播间，或者跟你直播间性质差不多的直播间，给他们刷点礼物，然后请他给你点点关注。

有了基础粉丝后，你再去拍作品也好，涨粉丝也好，找你自己的铁粉也好，就很容易了。

开设两个号，做 VLOG 内容创作

有了基础粉丝后，我们按照拍作品方法长期输出内容。这个时候我们为了稳操胜券，最好开设第二个账号，我建议大家去开 VLOG 账号。因为 VLOG 账号，目前不管是抖音还是快手，都是官方扶持，扶持力度还比较大。

VLOG 账号有轻 VLOG，还有重 VLOG。我觉得轻 VLOG 非常适合大家。

你每天可以在办公室或者路上随便拍，只要你的人设露出来，配好文案。像这样的轻 VLOG，加上带货类型，只需一个人或者一个团队同时去操作几个不同类型的帐号，再加上官方扶持，目前看来播放率或者成功率相对比较高。

现在入手快手，最重要的一个因素是快。你怎样才能快速地产出内容，怎样才能快速地走进快手的圈子里来，这才是最重要的。

精心创作功能型、实验型作品

还有一种傻瓜式账号运营方法，不管你卖什么产品，全部用一个思路，就是做实验的方式。

以前我们不管是做传统生意，还是做电商，都是靠图片说话，可以修图，可以去做好看的主图、详情页等。

现在直播电商的时代，你不仅要说出来你这个产品好，而且你还要

做出来让粉丝看。你自己说的不一定是真的，但是你做出来的，绝大多数粉丝是相信的。

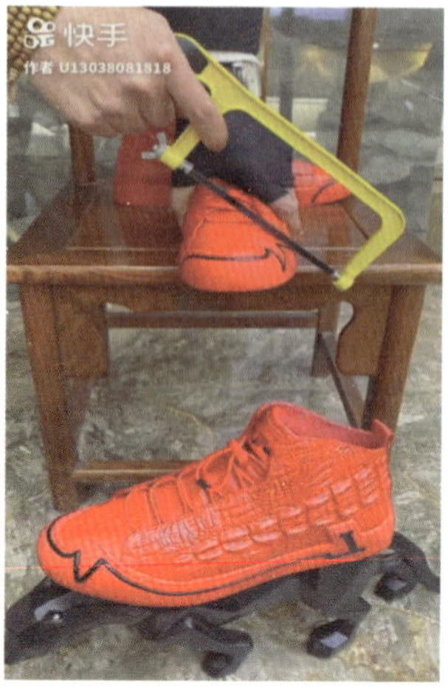

比如这种功能性的实验，把实验过程拍出来，拍成一个作品。这就呈现出一个很好的产品，吸引的全是购物粉。大家因为亲眼看到了你的作品，觉得你的鞋子真好，柔韧性真好。所以涨的粉丝都是精准的购物粉丝，这种粉丝消费能力非常强，转发率也就比较高。

你卖任何产品，都可以用这样的思路或者方法，直接用功能型实验的方式，再配上比较好看的背景图片，比较好听的背景音乐，拍摄的时候要做到稍微稳一点，保证视频清晰。

这样的方式，是目前我们中小商家入手快手平台最好的一种方式，简单直接，操作性强。

这是我给中小商家创业者的建议。你能坚持半个月、一个月，甚至三个月吗？很难。所以你必须快速变现，一个月之内变现，不超过三个月。如果三个月都变不了现，你就失去信心了。

2020 快手电商的爆发之年

我觉得对快手电商来说，2019 年只是开始，2020 年将是爆发的一年。

快手粉丝越来越贵，现在还很便宜

2020 年可能各行各业都会转型短视频，转型直播，包括电商、淘宝、拼多多和京东等，也包括线下实体店，还包括微商，都会往短视频直播转型。

如果各行业都开始参与短视频直播，那么粉丝就会越来越贵。所以，现在 1 元钱以下能够买到一个粉丝已经很便宜了。虽然粉丝会越来越贵，但是现在依然很便宜。

快手电商越来越难，现在依然很容易

各行业都开始进入短视频直播，那快手电商肯定会越来越难做，竞争会非常大。就像我们 2009 年做淘宝，非常容易，现在你做淘宝电商肯定比较难做。

所以快手电商也是一样，会越来越难做，但是现在依然很容易，因为现在做的人还不多，或者说做得好的还不多。

直播电商越来越火爆，现在是少部分人在做

在新的趋势下，不仅是快手电商，整个直播电商肯定会越来越火，包括现在的腾讯、抖音、小红书、蘑菇街、拼多多等，都在做直播电商。

直播电商肯定会越来越火，但是现在依然是少部分人在做，真正能够开播的，真正能够通过直播变现赚钱的，还是少部分人。

所以，我觉得 2020 年，是直播电商真正能够爆发的一年。